内容简介
INTRODUCTION

《工伤保险条例》作为我国社会保障法律体系的重要组成部分，在工伤保险领域具有核心法律地位。它旨在保障工伤职工的合法权益及其基本生活，同时规范用人单位的工伤保险责任，推动社会对工伤风险的重视与预防。因此，对《工伤保险条例》进行普法具有重要意义，有助于提高用人单位和职工的工伤预防意识，推动工伤补偿和工伤康复制度的落实，同时促进工伤保险的扩面。

本书是"工伤保险普法知识学习手册丛书"之一，以《工伤保险条例》具体条款逐条提炼与拓展解析的系统化讲解模式，帮助广大职工群众深入理解《工伤保险条例》的相关条款，增强法律意识。书中针对用人单位和职工在工伤保险中常见的问题与困惑提供详尽解答，旨在增强读者的法律认知和应用能力。

本书知识来源权威，通俗易懂，文字简洁明了，书中配以原创漫画插图，内容更加生动直观。本书适用于各类用人单位的管理人员、工伤保险从业人员等群体，尤其适用于在全国工伤保险普法与集中宣传活动中向广大职工群众作为知识手册发放阅读。

工伤保险普法知识学习手册丛书

《工伤保险条例》知识学习手册

主　编◎佟瑞鹏　邓盈祺
副主编◎郝彬鑫　芦佳乐

中国劳动社会保障出版社

图书在版编目(CIP)数据

《工伤保险条例》知识学习手册 / 佟瑞鹏，邓盈祺主编. -- 北京：中国劳动社会保障出版社，2025.（工伤保险普法知识学习手册丛书）. -- ISBN 978-7-5167-6965-2

Ⅰ. D922.554

中国国家版本馆 CIP 数据核字第 2025R87F74 号

《工伤保险条例》知识学习手册
《GONGSHANG BAOXIAN TIAOLI》ZHISHI XUEXI SHOUCE

中国劳动社会保障出版社出版发行
（北京市惠新东街 1 号　邮政编码：100029）

*

北京盛通印刷股份有限公司印刷装订　　新华书店经销
880 毫米 × 1230 毫米　32 开本　4.625 印张　101 千字
2025 年 6 月第 1 版　2025 年 6 月第 1 次印刷
定价：16.00 元

营销中心电话：400-606-6496
出版社网址：https://www.class.com.cn

版权专有　　侵权必究

如有印装差错，请与本社联系调换：（010）81211666
我社将与版权执法机关配合，大力打击盗印、销售和使用盗版图书活动，敬请广大读者协助举报，经查实将给予举报者奖励。
举报电话：（010）64954652

目 录
CONTENTS

中华人民共和国国务院令 /1

第1章　总则 /3

第2章　工伤保险基金 /17

第3章　工伤认定 /31

第4章　劳动能力鉴定 /59

第5章　工伤保险待遇 /73

第6章　监督管理 /101

第7章　法律责任 /123

第8章　附则 /135

中华人民共和国国务院令

第 375 号

《工伤保险条例》已经 2003 年 4 月 16 日国务院第 5 次常务会议讨论通过,现予公布,自 2004 年 1 月 1 日起施行。

总理 温家宝

二〇〇三年四月二十七日

中华人民共和国国务院令

第 586 号

《国务院关于修改〈工伤保险条例〉的决定》已经 2010 年 12 月 8 日国务院第 136 次常务会议通过,现予公布,自 2011 年 1 月 1 日起施行。

总理 温家宝

二〇一〇年十二月二十日

第1章 总则

第一条 为了保障因工作遭受事故伤害或者患职业病的职工获得医疗救治和经济补偿,促进工伤预防和职业康复,分散用人单位的工伤风险,制定本条例。

条文主旨

本条是关于《工伤保险条例》立法宗旨的规定。

知识链接

《工伤保险条例》的立法宗旨主要有以下3个方面。

(1)切实维护工伤职工的医疗救治权与经济补偿权

工伤职工在遭受事故伤害或者患职业病后,首先要获得及时、有效的医疗救治,使伤害或者病情尽快得到有效的控制。其间,所发生的交通、住院、检查诊断、治疗等费用,要依法得到足额的保障。待职工伤(病)情稳定后,要按照法定程序进行劳动能力鉴定,确定伤残等级,给予相应的一次性和长期性经济补偿。为工伤职工提供救治和补偿,是工伤保险制度最初的也是最主要的宗旨。

(2) 促进工伤预防与职业康复

经过100多年的发展,各国的工伤保险制度已逐步形成工伤预防、工伤补偿、工伤康复"三位一体"的模式,对工伤预防及工伤职工的职业康复等的关注程度不断提高。在制度设计上,通过行业差别费率,特别是实行单位浮动费率,使用人单位缴费与工伤预防工作紧密相连,促使用人单位加强工伤事故和职业病的预防工作。同时,在工伤保险基金中列支工伤预防费,直接用于工伤预防宣传与培训;对工伤职工的救济也不仅停留在医疗救治层面,而是将相当多的精力放在工伤职工的职业康复方面,从而使工伤职工权益依法得到全方位的保障。

(3) 分散用人单位的工伤风险

工伤保险基金能够分散单个用人单位在发生工伤事故后所面临的经营风险,而分散用人单位的经营风险也是工伤保险制度的重要功能。

此外,要注意工伤保险与商业性人身意外伤害保险的关系。工伤保险属于社会保障的范畴,而商业性人身意外伤害保险属于商业保险的范畴。因此,工伤保险与商业性人身意外伤害保险的关系，实质上是社会保障与商业保险的关系。

第二条 中华人民共和国境内的企业、事业单位、社会团体、民办非企业单位、基金会、律师事务所、会计师事务所等组织和有雇工的个体工商户（以下称用人单位）应当依照本条例规定参加工伤保险，为本单位全部职工或者雇工（以下称职工）缴纳工伤保险费。

中华人民共和国境内的企业、事业单位、社会团体、民办非企业单位、基金会、律师事务所、会计师事务所等组织的职工和个体工商户的雇工，均有依照本条例的规定享受工伤保险待遇的权利。

《工伤保险条例》知识学习手册

 条文主旨

本条是关于《工伤保险条例》适用范围的规定。

 知识链接

(1)关于"企业"

企业包括在中华人民共和国境内的所有形式的企业,按照所有制类型划分,有国有企业、集体所有制企业、私营企业、外资企业等;按照所在地域划分,有城镇企业、乡镇企业等;按照企业的组织结构划分,有公司制企业、合伙企业、个人独资企业等。在此,有两点需要说明:一是工伤保险制度在国家之间不能互免。目前,一些国家通过多边或者双边协定实现了养老保险、失业保险等社会保险项目的参保缴费互免,但工伤保险却不在此列,而是需要参加营业地所在国的工伤保险制度。这就意味着来中国投资的外国企业需要参加中国的工伤保险制度,而到国外承包工程或者投资设厂的中国企业也需要参加当地的工伤保险制度。二是在用人单位实行承包经营时，工伤保险责任应当由职工劳动关系所在单位承担。

(2) 关于"事业单位"

事业单位是指依照《事业单位登记管理暂行条例》，在机构编制管理机关登记为事业单位，且没有改为由市场监管部门登记为企业的事业单位。但是，事业单位中具有公共事务管理职能的组织，一般都有行政执法的职能，工作人员参照《中华人民共和国公务员法》（以下简称《公务员法》）管理，在许多方面与公务员没有区别，因此这类事业单位在工伤保险方面仍参照公务员的做法，由人力资源社会保障部会同财政部制定具体办法；参照《公务员法》管理的事业单位之外的事业单位，主要包括基础科研、教育、文化、卫生、广播电视等领域的单位，《工伤保险条例》明确规定这些单位的工作人员应当纳入工伤保险的适用范围。

(3) 关于"社会团体"

社会团体是指依照《社会团体登记管理条例》，在民政部门登记为社会团体，中国公民自愿组成，为实现会员共同意愿，按照其章程开展活动的非营利性社会组织。社会团体的名称类别主要有协会、学会、联合会、研究会、基金会、联谊会、促进会、商会等。社会团体的情况与事业单位基本类似。参照《公务员法》管理的社会团体及其工作人员实行与国家机关及其工作人员一样的工伤保险制度，具体办法由人力资源社会保障部会同财政部规定，这部分社会团体包括两类：一是参加人民政治协商会议的8个人民团体（中华全国总工会、中华全国妇女联合会、中华全国工商业联合会、中国共产主义青年团、中国科学技术协会、中华全国归国华侨联合会、中华全国台湾同胞联谊会、中华全国青年联合会);二是由国务院机构编制管理机关核定并经国务院批准的团体(如中国作家协会等)。不参照《公务员法》管理的社会团体,则直接适用该条例。

(4) 关于"民办非企业单位"

民办非企业单位是指依照《民办非企业单位登记管理暂行条例》,在民政部门登记为民办非企业单位,由企业、事业单位、社会团体和其他社会力量以及公民个人利用非国有资产举办的,从事非营利社会服务活动的社会组织,如民办学校、民办医院等。这里的国有资产是指所有权属于国家的一切财产形式,而非国有资产是指国有资产以外的其他财产形式,可以是个人财产、集体所有财产,也可以是国外的财产。民办非企业单位提供的服务具有社会公益特点,宗旨是为了社会的公共利益和促进社会进步,这一性质体现在民办非企业单位的目的和宗旨上,也体现在其财务管理与财产分配体制上。民办非企业单位的盈余与清算后的剩余财产只能用于社会公益事业,不得在成员中分配。《工伤保险条例》明确规定,将民办非企业单位及其工作人员同样纳入工伤保险的适用范围。

(5) 关于"基金会"

根据《基金会管理条例》,基金会是指利用自然人、法人或者其他组织捐赠的财产,以从事公益事业为目的,依法成立的非营利性法人。基金会分为面向公众募捐的基金会和不得面向公众募捐的基金会。

(6) 关于"律师事务所"

根据《中华人民共和国律师法》(以下简称《律师法》),设立律师事务所应当具备4个基本条件:一是有自己的名称、住所和章程;二是有符合《律师法》规定的律师;三是设立人应当是具有一定的执业经历,且3年内未受过停止执业处罚的律师;四是有符合国务院司法行政部门规定数额的资产。律师事务所主要分为合伙、个人以及国家出资设立的律师事务所3类。

(7) 关于"会计师事务所"

根据《中华人民共和国注册会计师法》,会计师事务所是依法设立并承办会计师业务的机构。会计师事务所可以由注册会计师合伙设立,合伙设立的会计师事务所的债务,由合伙人按照出资比例或者协议的约定,以各自的财产承担责任。合伙人对会计师事务所的债务承担连带责任。会计师事务所符合下列条件的,可以是负有限责任的法人:①不少于30万元的注册资本;②有一定数量的专职从业人员,其中至少有5名注册会计师;③国务院财政部门规定的业务范围和其他条件。

(8) 关于"个体工商户"

根据《中华人民共和国民法典》(以下简称《民法典》),自然人从事工商业经营,经依法登记,为个体工商户。个体工商户的发展各地很不平衡,劳动用工制度也不完善。虽然个体工商户中的工伤风险程度不同,但从社会保险公平性出发,对这部分人群也要予以保护。因此,《工伤保险条例》规定,有雇工的个体工商户应当参加工伤保险,由雇主为其雇员缴纳工伤保险费。

《工伤保险条例》知识学习手册

第三条 工伤保险费的征缴按照《社会保险费征缴暂行条例》关于基本养老保险费、基本医疗保险费、失业保险费的征缴规定执行。

> 本条是关于工伤保险费征缴的规定。

 知识链接

1999年1月，国务院发布施行了《社会保险费征缴暂行条例》，于2019年3月根据《国务院关于修改部分行政法规的决定》修订。该条例针对基本养老保险、基本医疗保险、失业保险3项险种保险费的征缴，作了专门而详细的规定。本条统一了工伤保险费的征缴工作，明确规定了工伤保险费的征缴完全按照《社会保险费征缴暂行条例》的规定程序，由法定部门及时足额进行征缴。

根据《社会保险费征缴暂行条例》的相关规定，社会保险费的征收机构由省、自治区、直辖市人民政府规定，可以由税务机关征收，也可以由人力资源社会保障行政部门按照国务院规定设立的社会保险经办机构征收。全国的社会保险费征缴管理和监督检查工作由国务院人力资源社会保障行政部门负责；

本行政区域内的社会保险费征缴管理和监督检查工作由县级以上地方各级人民政府人力资源社会保障行政部门负责。省、自治区、直辖市一旦决定工伤保险费由社会保险经办机构征收,社会保险经办机构就应认真履行征收职责。社会保险经办机构在征收工伤保险费时,应当与基本养老保险费等其他社会保险费集中、统一征收,再将征收的社会保险费分别划入工伤、基本养老保险等各项基金中,实行分别核算、单独管理。

第四条 用人单位应当将参加工伤保险的有关情况在本单位内公示。

用人单位和职工应当遵守有关安全生产和职业病防治的法律法规,执行安全卫生规程和标准,预防工伤事故发生,避免和减少职业病危害。

职工发生工伤时,用人单位应当采取措施使工伤职工得到及时救治。

 条文主旨

本条是关于用人单位责任的规定。

 知识链接

工伤保险实行的是雇主责任原则。用人单位在工伤保险制度中处于核心地位,工伤保险工作的好坏,在很大程度上取决于用人单位的表现。用人单位在工伤保险中主要承担以下责任:

11

(1) 依法参加工伤保险，并将参保情况在单位内公示

用人单位在工伤保险工作中的责任是多方面的，而依法参加工伤保险、依法缴费是其主要责任。因此，《工伤保险条例》规定了由全体职工进行监督的机制，要求单位公示参保的有关情况。对用人单位不将参保情况予以公示的，职工有权向当地人力资源社会保障部门举报，人力资源社会保障部门在接到举报后要及时查处，督促用人单位认真履行其法定义务。

有关参保公示的内容，主要是公布参保人员的数量和名单、缴费时间、缴费数额等。公示的形式，可以是每月在单位的主要场所张贴海报，或者是向每位职工发放小册子等材料。

(2) 落实安全生产和职业病防治法律法规，做好工伤预防

工伤预防的责任主体在用人单位。根据《中华人民共和国安全生产法》（以下简称《安全生产法》）和《中华人民共和国职业病防治法》（以下简称《职业病防治法》），用人单位在预防工伤事故和职业病危害方面的主要义务有：①取得或者达到相应的安全、卫生生产条件；②项目设计评估中需包括安全、卫生生产方面的内容；③保证安全、卫生生产的资金投入；④制定安全、卫生生产的应急预案和措施；⑤负责安全、卫生设备的配置与维护；⑥配备符合条件的安全、卫生生产管理专职人员；⑦提供安全、卫生防护用品；⑧落实特种作业人员的持证上岗；⑨设置安全、卫生警示标志；⑩进行安全、卫生生产的教育培训；⑪在上岗前事先告知职工有关安全、卫生危害的情况；⑫做好职工宿舍的安全、卫生工作；⑬做好特种设备、危险物品的安全生产工作；

⑭对职工进行定期健康检查等。

《工伤保险条例》还通过建立行业差别费率和行业内费率档次机制,特别是规定了工伤预防经费由工伤保险基金支出,促使用人单位认真做好工伤预防工作。

(3) 及时救治工伤职工

工伤救治是工伤保险的基本内容。由于工伤的发生现场大多在用人单位,因此,职工发生工伤时,用人单位应当采取措施使工伤职工得到及时救治。

第五条 国务院社会保险行政部门负责全国的工伤保险工作。县级以上地方各级人民政府社会保险行政部门负责本行政区域内的工伤保险工作。

社会保险行政部门按照国务院有关规定设立的社会保险经办机构（以下称经办机构）具体承办工伤保险事务。

条文主旨

本条是关于工伤保险管理部门和经办机构的规定。

知识链接

根据有关规定，人力资源社会保障部门负责所辖范围内包括工伤保险在内的社会保险工作。相对而言，行政部门的层次越高，更多的是进行政策的制定与指导；行政部门的层次越低，更多的是办理社会保险工作的具体事务。在中央层次，负责全国工伤保险工作的部门是人力资源社会保障部。省、市、县各级人力资源社会保障部门在各自的行政区域内负责工伤保险的行政管理工作，包括监督检查和受理举报。

社会保险经办机构是人力资源社会保障部门所属事业单位，具体承办工伤保险事务，主要负责社会保险登记和社会保险费核定，按照规定征收社会保险费；按时足额支付社会保险待遇；根据管理服务的需要，与医疗机构、药品经营单位签订服务协议，规范医疗服务行为；及时、完整、准确地记录参保人员社会保险的个人缴费、用人单位缴费，以及享受社会保险待遇等个人权益信息，定期将个人权益记录单免费寄送给参保人员；免费向用人单位和个人提供查询服务；提供社会保险咨询等相关服务。

第1章 总则

第六条 社会保险行政部门等部门制定工伤保险的政策、标准，应当征求工会组织、用人单位代表的意见。

本条是关于制定工伤保险政策、标准需征求意见的规定。

 知识链接

本条规定体现了在人力资源社会保障领域国际上通行的"三方协商"原则，扩大了决策中的群众参与程度，有利于保护和均衡国家、用人单位和职工三方各自的利益。通过这种机制产生的政策和标准，更加科学、民主，也更便于执行。

社会保险行政部门等部门在制定以下政策或者标准时要听取工会组织和用人单位代表的意见：①行业差别费率及行业内费率档次的确定与调整；②部分地区工伤保险基金的统筹层次；③部分行业异地参保的办法；④储备金的比例和使用办法；⑤通过制定法律、行政法规，确定为工伤的其他情形；⑥劳动能力鉴定标准；⑦工伤保险诊疗项目目录、工伤保险药品目录、工伤保险住院服务标准；⑧辅助器具配置标准；⑨一次性工伤医疗补助金和一次性伤残就业补助金标准；⑩因工死亡职工供养亲属的范围；⑪一次性工亡补助金标准；⑫伤残津贴、供养亲属抚恤金、生活护理费的调整；⑬服务协议的管理办法；⑭国家机关、事业单位、社会团体、民办非企业单位工作人员的工伤办法；⑮部分单位的工伤一次性赔偿办法。

第 2 章
工伤保险基金

第七条 工伤保险基金由用人单位缴纳的工伤保险费、工伤保险基金的利息和依法纳入工伤保险基金的其他资金构成。

 条文主旨

本条是关于工伤保险基金构成的规定。

 知识链接

工伤保险基金是社会保险基金中的一种,主要有以下特点。

(1) 强制性

工伤保险费是国家以法律规定的形式,向规定范围内的用人单位征收的一种社会保险费。具有缴费义务的用人单位必须依法履行缴费义务，否则就是一种违法行为，用人单位要依法承担相应的法律责任。

（2）共济性

用人单位按规定缴纳工伤保险费后，不管该用人单位发生多大程度和范围的工伤，都应依法由工伤保险基金支付相应的工伤保险待遇。缴费用人单位不能因为没有发生工伤，没花费工伤保险基金而要求返还缴纳的工伤保险费。社会保险经办机构也不应因用人单位发生的工伤多、支付的基金数额大而要求该单位追加缴纳工伤保险费，而只能在确定用人单位下一轮缴费费率时适当考虑其工伤保险基金支付情况。

（3）固定性

国家根据社会保险事业的需要，事先规定工伤保险费的缴费对象、缴费基数和费率，在征收时，不因缴费义务人的具体情况而随意调整。固定性还体现在工伤保险基金的使用上，实行专款专用，任何人不得挪用。

工伤保险费是工伤保险基金的主要来源。因此，凡是纳入工伤保险范围的用人单位，应当按照规定及时足额缴纳工伤保险费，以保证工伤保险基金的支付能力，切实保障工伤职工及时获得医疗救治和经济补偿。工伤保险基金按照规定存入银行，取得的利息并入工伤保险基金。其他资金是指按规定征收的滞纳金、社会捐赠等资金。

第八条 工伤保险费根据以支定收、收支平衡的原则，确定费率。

国家根据不同行业的工伤风险程度确定行业的差别费率，并根据工伤保险费使用、工伤发生率等情况在每个行业内确定若干费率档次。行业差别费率及行业内费率档次由国务院社会保险行政部门制定，报国务院批准后公布施行。

统筹地区经办机构根据用人单位工伤保险费使用、工伤发生率等情况，适用所属行业内相应的费率档次确定单位缴费费率。

> 本条是关于工伤保险费费率确定的规定。

根据《中华人民共和国社会保险法》（以下简称《社会保险法》）第三十四条关于"行业差别费率和行业内费率档次由国务院社会保险行政部门制定，报国务院批准后公布施行"的规定，《工伤保险条例》规定由国务院社会保险行政部门制定行业差别费率及行业内费率档次。

（1）确定工伤保险费费率的基本原则

《社会保险法》第六十五条规定，社会保险基金通过预算实现收支平衡，工伤保险基金当期征缴的工伤保险费应满足支付当期的各项工伤保险待遇及其他合法项目支出的需要。因此，工伤保险应根据以支定收、收支平衡的原则，合理确定总体费率水平。工伤保险费费率的确定，应该保证各项工伤保险待遇及各项合法项目的支出，同时又不使工伤保险基金有过多积累。

(2) 行业差别费率和行业内费率档次的制定

用人单位缴纳工伤保险费不实行统一费率，而是实行行业差别费率和用人单位浮动费率相结合的工伤保险费费率。不同的行业，工伤风险有很大差别，工伤保险费费率在实现社会共济的同时，与用人单位所属行业挂钩，形成行业差别费率，使工伤保险缴费更为公平。在实行行业差别费率的基础上，建立用人单位行业内费率档次机制。也就是说，国家根据不同行业的工伤风险程度，确定行业差别费率，并根据本行业内企业间工伤保险费使用、工伤发生的差异程度等情况确定若干费率档次。行业差别费率和行业内费率档次的制定由国务院社会保险行政部门具体组织实施，并报国务院批准后施行。

(3) 用人单位缴费费率的确定

用人单位具体缴费费率的确定，是在行业差别费率及行业内费率档次制定后，根据每个用人单位上一费率确定周期使用工伤保险基金、工伤发生率等情况，由统筹地区社会保险经办机构确定其在所属行业的不同费率档次中适用哪一档次的费率。用人单位的具体缴费费率，由社会保险经办机构行使确定权。

第九条 国务院社会保险行政部门应当定期了解全国各统筹地区工伤保险基金收支情况，及时提出调整行业差别费率及行业内费率档次的方案，报国务院批准后公布施行。

本条是关于调整行业差别费率及行业内费率档次的规定。

知识链接

随着科技、经济、社会等的发展,各行业的工伤风险程度会不断发生变化。例如,采矿业在20世纪的风险程度是很高的,但随着机械化运用程度的提高,该行业的工伤风险程度在发达国家已有较大幅度下降;一些原本并不太危险的行业,随着电子仪器等设备的广泛使用,其辐射等职业危害逐渐加大。因此,有必要经常对各行业的工伤风险程度进行跟踪调查,不断评估,并及时调整不合时宜的行业费率。

第十条 用人单位应当按时缴纳工伤保险费。职工个人不缴纳工伤保险费。

用人单位缴纳工伤保险费的数额为本单位职工工资总额乘以单位缴费费率之积。

对难以按照工资总额缴纳工伤保险费的行业，其缴纳工伤保险费的具体方式，由国务院社会保险行政部门规定。

 条文主旨

> 本条是关于工伤保险费缴费主体、费率和数额的规定。

 知识链接

（1）缴费主体

工伤保险费由用人单位缴纳，职工个人不缴纳，是指工伤保险费全部由用人单位缴纳，职工本人不承担缴费义务。这一规定与基本养老保险、基本医疗保险等其他社会保险险种实行的多方责任制度不同，体现了工伤保险遵循的雇主责任原则。

（2）费率和数额

用人单位缴纳工伤保险费的数额为本单位职工工资总额乘以单位缴费费率之积。

"本单位职工工资总额"是指用人单位在一定时期内，直接支付给本单位全部职工的劳动报酬的总额。其中，全部职工是指与用人单位存在劳动关系（包括事实劳动关系）或聘用关系（主要是事业单位）的各种用工形式、各种用工期限的劳动者。国家统计局规定的工资总额是指一个单位一个月或者一年内发放给全体职工的所有工资，这与本条规定的工资总额有所区别。其区别在于国家统计局规定的工资总额中的"全体职工"实际上并不包括我们通常所讲的农民工和临时工等灵活用工形式、灵活用工期限

的劳动者。因此，本条规定的工资总额的范围比国家统计局规定的工资总额的范围要广。换而言之，每一个企业、每一个有雇工的个体工商户招用的所有劳动者的劳动报酬都要计入工资总额中。

根据国家统计局关于工资总额的规定，用人单位的工资总额包括计时工资、计件工资、奖金、津贴、补贴、加班加点工资以及特殊情况下支付的工资，但不包括下列费用：

1）单位支付给劳动者个人的社会保险福利费用，如丧葬抚恤费、生活困难补助费、计划生育补贴等；

2）劳动保护方面的费用，如用人单位支付给劳动者的工作服、解毒剂、清凉饮料等费用；

3）按规定未列入工资总额的各种劳动报酬及其他劳动收入，如根据国家规定发放的创造发明奖、国家星火奖、自然科学奖、科学进步奖、中华技能大奖，以及稿酬、讲课费、翻译费等。

"单位缴费费率"是指统筹地区的社会保险经办机构按照《工伤保险条例》第八条规定的行业差别费率及行业内费率档次所确定的该用人单位应当缴纳工伤保险费的实际费率。目前，全国工伤保险的平均费率大致为工资总额的1%。

（3）变通缴费方式

按照本条第二款的规定，用人单位缴纳工伤保险费的数额为本单位职工工资总额乘以单位缴费费率之积。但一些特殊行业、企业及其用工群体，按照用人单位工资总额的一定比例缴纳工伤保险费，在实际操作中存在困难。这样的行业主要有两类。一类是流动性大、工作场所不固定、工资支付形式多样且由于专业承包、劳务分包，使工资总额计算困难的建筑施工企业。一些中小矿山企业也存在类似情况。另一类是受市场竞争影响非常大的商贸、餐饮等服务行业企业，职工流动性大，用人规模波动性大。为适应这些行业企业的特点，方便这些行业企业参保缴费，《工伤保险条例》授权国务院社会保险行政部门对这些行业企业缴纳工伤保险费的具体方式加以规定。根据这一授权，人力资源社会保障部制定了《部分行业企业工伤保险费缴纳办法》，结合实践中的变通做法，作出缴费的具体规定，如建筑施工企业可以实行以工程项目为单位，按照项目工程造价的一定比例，计算缴纳工伤保险费；商贸、餐饮、住宿、美容美发、洗浴以及文体娱乐等小型服务业企业以及有雇工的个体工商户，可以按营业额的一定比例计算缴纳工伤保险费等。

第十一条 工伤保险基金逐步实行省级统筹。

跨地区、生产流动性较大的行业，可以采取相对集中的方式异地参加统筹地区的工伤保险。具体办法由国务院社会保险行政部门会同有关行业的主管部门制定。

条文主旨

本条是关于工伤保险基金统筹层次和特殊行业参加异地统筹的规定。

 **知识链接**

（1）工伤保险基金统筹层次

《社会保险法》第六十四条第三款规定，基本养老保险基金逐步实行全国统筹，其他社会保险基金逐步实行省级统筹，具体时间、步骤由国务院规定。为了与《社会保险法》的有关规定保持一致，《工伤保险条例》规定工伤保险基金逐步实行省级统筹，这在很大程度上提高了工伤保险的统筹层次。这样规定，主要有以下考虑：一是工伤保险费率较低，且实行现收现付制，是各社会保险险种中比较容易实现较高层次统筹的险种之一；二是大多数国家的统筹层次都较高。

（2）特殊行业的异地统筹

用人单位应当向当地社会保险经办机构办理社会保险登记，参加社会保险。工伤保险是社会保险的一种，用人单位应当参加哪个统筹地区的工伤保险，也应当按照规定执行。即用人单位应当参加其所在统筹地区的工伤保险，向所在统筹地区的社会保险经办机构缴纳工伤保险费。在实际工作中，有的行业生产流动性较大，其工作范围跨几个统筹地区。这样的行业参加工伤保险有其特殊性，如果还按照参加所在统筹地区的工伤保险来执行，势必会使得同一行业的企业参加不同统筹地区的工伤保险，直接导致其职工享受的工伤保险待遇不同，甚至会在实践中产生一些人为的不公。为了避免类似情况的发生，同时也为了给生产流动性较大的行业如何参加工伤保险留有一定余地，《工伤保险条例》规定其可以采取相对集中的方式异地参加统筹地区的工伤保险。异地参加统筹地区工伤保险的具体办法由国务院社会保险行政部门会同该行业的主管部门制定。

第十二条 工伤保险基金存入社会保障基金财政专户，用于本条例规定的工伤保险待遇，劳动能力鉴定，工伤预防的宣传、培训等费用，以及法律、法规规定的用于工伤保险的其他费用的支付。

工伤预防费用的提取比例、使用和管理的具体办法，由国务院社会保险行政部门会同国务院财政、卫生行政、安全生产监督管理等部门规定。

任何单位或者个人不得将工伤保险基金用于投资运营、兴建或者改建办公场所、发放奖金，或者挪作其他用途。

条文主旨

本条是关于工伤保险基金管理和用途的规定。

知识链接

（1）关于"财政专户"

工伤保险基金是国家为实施工伤保险制度，通过法定渠道和法定程序筹集工伤保险费等建立起来的用于特定目的的资金，是实施工伤保险制度的基础。如果不能合理、有效地使用工伤保险基金，工伤保险制度就会落空。因此，工伤保险基金作为专项基金必须存入统筹地区银行财政专户，专款专用，实行收支两条线管理。

在实际操作中,负责社会保险费征缴的机构、财政部门和社会保险经办机构在国有商业银行分别开设"工伤保险基金收入户""工伤保险基金支出户"和"工伤保险基金财政专户"。工伤保险基金收入户用于暂存收缴的各项基金收入,除按规定向社会保障基金财政专户划拨资金外,不得发生其他支付业务;工伤保险基金支出户主要用于支付基金开支项目,除按规定接受工伤保险基金财政专户拨入的资金外,不得发生其他收入业务;工伤保险基金财政专户用于存储基金,其作用是接受从工伤保险基金收入户划入的资金,并向工伤保险基金支出户拨付资金。工伤保险基金的各项支出必须从工伤保险基金支出户中拨付。

工伤保险基金收入户的资金应定期全部划入社会保障基金财

政专户。财政部门按照社会保险经办机构关于工伤保险基金支付的预算,按一定期限将资金从社会保障基金财政专户中划拨到工伤保险基金支出户。出现特殊情况需要临时调整工伤保险基金支付数额时,由社会保险经办机构提出用款计划,经财政部门审核后划拨资金;需要调整预算的,按调整后的预算执行。财政部门除根据社会保险经办机构的预算及其提出的用款计划拨付资金外,不得自行安排和使用工伤保险基金。同时,为了严肃财经纪律,本条还规定,工伤保险基金不得用于投资运营、兴建或者改建办公场所、发放奖金,或者挪作其他用途,也不可以挪作其他社会保险项目的支付。

工伤保险基金实行收支两条线管理,是为了加强对工伤保险基金的管理,维护工伤职工的合法权益,保证工伤保险基金的完整与安全。因此,在实际操作中,各相关主体应严格按照规定执行,不得违规操作,否则将受到行政处分甚至是刑事处罚。

(2)关于"工伤保险基金的使用"

工伤保险基金的使用按照以支定收、收支平衡的原则确定。由于从筹集到支付的时间跨度较短,沉淀的资金不多,并且工伤事故的发生具有不确定性,工伤保险基金随时面临支付的可能。为了保障工伤保险基金专款专用,本条规定,工伤保险基金只能用于工伤保险待遇、劳动能力鉴定,工伤预防的宣传、培训等费用,以及法律、法规规定的费用支出。

《工伤保险条例》明确列举了工伤保险基金的具体支出项

目，但随着工伤保险事业的发展，不可避免地会出现一些新的应该由工伤保险基金支付的项目，《工伤保险条例》目前的规定不可能穷尽所有应该由工伤保险基金支出的项目。为了给工伤保险基金合法支出留有一定空间，同时为了避免滥用工伤保险基金情况的发生，按照规定，只有全国人大及其常委会制定的法律、国务院制定的行政法规和省级人大制定的地方性法规才能规定工伤保险基金的支出项目。其他文件，包括省级人民政府制定的地方性规章、国务院有关部门制定的部门规章，都不得规定工伤保险基金的支出项目。

  同时，强调任何单位或者个人不得将工伤保险基金用于投资运营、兴建或者改建办公场所、发放奖金，或者挪作其他用途。《社会保险法》第六十九条进一步规定，社会保险基金不得违规投资运营，不得用于平衡其他政府预算，不得用于兴建、改建办公场所和支付人员经费、运行费用、管理费用，或者违反法律、行政法规规定挪作其他用途。之所以作上述规定，是因为包括工伤保险基金在内的社会保险基金是参保人员的"保命钱"，安全性是第一原则。

  第十三条 工伤保险基金应当留有一定比例的储备金，用于统筹地区重大事故的工伤保险待遇支付；储备金不足支付的，由统筹地区的人民政府垫付。储备金占基金总额的具体比例和储备金的使用办法，由省、自治区、直辖市人民政府规定。

 **条文主旨**

本条是关于工伤保险储备金的规定。

 知识链接

工伤保险储备金是指为了应对重大工伤事故的发生，导致工伤保险基金的大规模支出而建立的一项应急资金。工伤保险实行现收现付制度，并根据以支定收、收支平衡的原则确定费率，这就决定了当期征收的工伤保险费与当期支付的工伤保险待遇基本持平，或者略有结余。但在现实中，工伤事故的发生有其不确定性。为了避免当突发事件发生时工伤保险基金难以支付的情况发生，《工伤保险条例》规定了风险储备金制度。这样规定，一方面能够更好地保障工伤职工的合法权益；另一方面也能更好地分摊发生重大工伤事故的用人单位的风险。

同时，为了保障发生重大工伤事故时各项工伤保险待遇及时足额支付，《工伤保险条例》规定，当储备金不足支付时，由统筹地区的人民政府垫付。考虑到我国幅员辽阔，各地经济发展水平和用人单位的安全生产状况存在差异，《工伤保险条例》规定，储备金占基金总额的具体比例和储备金的使用办法，由省、自治区、直辖市人民政府规定。

第3章 工伤认定

第十四条 职工有下列情形之一的,应当认定为工伤:

(一)在工作时间和工作场所内,因工作原因受到事故伤害的;

(二)工作时间前后在工作场所内,从事与工作有关的预备性或者收尾性工作受到事故伤害的;

(三)在工作时间和工作场所内,因履行工作职责受到暴力等意外伤害的;

(四)患职业病的;

(五)因工外出期间,由于工作原因受到伤害或者发生事故下落不明的;

(六)在上下班途中,受到非本人主要责任的交通事故或者城市轨道交通、客运轮渡、火车事故伤害的;

(七)法律、行政法规规定应当认定为工伤的其他情形。

《工伤保险条例》知识学习手册

条文主旨

本条是关于应当认定为工伤情形的规定。

 知识链接

(1)在工作时间和工作场所内,因工作原因受到事故伤害的

工伤是由于工作直接或间接引起的伤害,这是应当认定为工伤的一种最基本情形。

这里的"工作时间"是指法律规定的或者用人单位要求职工工作的时间。《中华人民共和国劳动法》(以下简称《劳动法》)规定,国家实行劳动者每日工作时间不超过8小时、平均每周工作时间不超过44小时的工时制度。这段时间就属于职工的工作时间。但是，如果用人单位在合法的前提下对其职工的工作时间有特殊要求，如对那些实行不定时工作制的职工来说，用人单位确定的工作时间即为该职工的工作时间。

此外，合法的加班期间以及用人单位违法延长工时期间也属于职工的工作时间，职工在此期间受到事故伤害，属于应当认定为工伤情形的，应按规定将其认定为工伤。

最高人民法院研究室认为，这里的"工作场所"是指与职工工作职责相关的场所，在有多个工作场所的情形下，还应包括职工来往于多个工作场所之间的合理区域。

这里的"事故伤害"主要是指职工在工作过程中发生的人身伤害和急性中毒等事故伤害。

需要指出的是，在某些情况下，职工虽不在本岗位劳动，但由于用人单位的设施或设备不完善、劳动条件或劳动环境不良、管理不善等原因造成职工伤害的，也应当认定为工伤。例如，用人单位锅炉房的开水管安装不牢固，导致职工在接开水的过程中被开水烫伤，职工的这种伤害也应当认定为工伤。

（2）工作时间前后在工作场所内，从事与工作有关的预备性或者收尾性工作受到事故伤害的

"与工作有关的预备性或者收尾性工作"主要是指在法律规定的或者用人单位要求的工作时间开始之前的一段合理时间内，以及在法律规定的或者用人单位要求的工作时间结束之后的一段合理时间内，职工在工作场所内从事本职工作或者与领导指派的其他工作有关的准备工作。例如，甲是一名机床操作工，下班后从

事清洗机床的收尾性工作,不慎被机床上掉落的机器部件砸伤。按照此款规定,该职工被砸伤的情形,应当认定为工伤。

(3)在工作时间和工作场所内,因履行工作职责受到暴力等意外伤害的

这里所称的"因履行工作职责受到暴力等意外伤害的"有两层含义:一层含义是指在工作时间和工作场所内,职工因履行工作职责受到的暴力伤害;另一层含义是指在工作时间和工作场所内,职工履行工作职责期间因意外因素导致的人身伤害,如在施工工地上因高处落物受到的伤害等。在这种情况下,无论是从法理的角度来讲还是从工伤保险的基本精神来讲,都应将其纳入工伤的范围。

对于职工在工作时间和工作场所内受到暴力等意外伤害,是否属于履行工作职责所致,应由人力资源社会保障行政部门根据具体情况作出判断。在工伤认定工作中,应对各方面情况进行综合分析,没有证据否定职工所受伤害与履行工作职责有必然联系的,在排除其他非履行工作职责的因素后,应当认定为工伤。

(4)患职业病的

《职业病防治法》对职业病的定义是,企业、事业单位和个体经济组织等用人单位的劳动者在职业活动中,因接触粉尘、放射性物质和其他有毒、有害因素而引起的疾病。就《工伤保险条例》适用范围而言,这里所指的"患职业病"的情形,应该是在《工伤保险条例》覆盖范围内的所有用人单位的职工在职业活动中所患的职业病。需要说明的是,如果某人患有《职业病分类和目录》

中规定的某种疾病，但不是由职业活动引起的，而是由于其居住地周边生产单位污染物排放或者是其他情况引起的，这种疾病则不属于《工伤保险条例》中所称的职业病。其所受到的伤害，应通过司法等途径加以解决，而不能按工伤保险的有关规定执行。

（5）因工外出期间，由于工作原因受到伤害或者发生事故下落不明的

在这里，"因工外出"是指职工由于工作需要到本单位以外从事与本职工作有关的工作，包括两种情况：一种情况是到本单位以外，但还在本地范围内；另一种情况是到本地区以外或境外。在第一种情况下，可以是受领导指派，也可以是因职责需要自行到本单位以外的情形；在第二种情况下，则必须是受领导指派的情形。

职工因工外出期间受到的伤害，包括事故伤害、暴力伤害和其他形式的伤害等。

"发生事故下落不明的"，是指因遭受安全事故、意外事故或者自然灾害等各种形式的事故而失去任何音讯的情形。在这种情形下，职工虽处于生死不确定的状态，但本着充分保护职工合法权益的基本精神，只要是在因工外出期间发生事故，造成职工下落不明的，就应当认定为工伤。

职工因工外出期间受到伤害的情形十分复杂，判断是否因工作原因，应该掌握的原则是，没有证据否定职工因工外出期间受到的伤害与工作之间的必然联系的，在排除其他非工作原因后，应当认定为工作原因。

值得注意的是,《工伤保险条例》所称的工伤既包括因工受伤,也包括因工死亡。

(6) 在上下班途中,受到非本人主要责任的交通事故或者城市轨道交通、客运轮渡、火车事故伤害的

随着电动自行车的普及,非机动车交通事故比例逐年上升,这些事故的受害人没有机动车第三者责任强制保险和道路交通事故救助基金的保障,从制度公平角度出发,应当将职工在上下班途中受到的机动车和非机动车交通事故伤害都纳入工伤认定范围。其中"受到机动车事故伤害"既可以是职工驾驶或乘坐的机动车发生事故造成的,也可以是职工因其他机动车事故造成的。此外,职工乘坐城市轨道交通、客运轮渡、火车上下班的情况日益增多,需要将受到城市轨道交通、客运轮渡、火车事故伤害的情形也纳入工伤认定范围。

《工伤保险条例》在扩大工伤认定范围的同时,为了减少道德风险,对上下班途中事故的工伤认定作了以下适当限定。

一是交通事故是指《中华人民共和国道路交通安全法》所称的在道路上发生的车辆交通事故。

二是发生事故后,需要经交通管理部门作出"非本人主要责任"的认定。例如,因无证驾驶、驾驶无证车辆、饮酒后驾驶车辆、闯红灯等交通违法行为造成自身伤害,交通管理部门出具属于本人主要责任证明的,就不能认定为工伤。

三是对"上下班途中"的理解,应作"合理时间"和"合理路线"的限定。职工以上下班为目的、在合理时间内往返于工作

单位和居住地之间的合理路线，视为上下班途中。例如，按规定职工上午8点上班，职工在8点前来到单位的途中应属于上班途中。如果职工应该下午5点下班，但由于单位安排加班，职工晚上8点才从单位离开，职工在8点后从单位回到家的途中，则应属于下班途中。

（7）法律、行政法规规定应当认定为工伤的其他情形

为了使工伤范围的规定更科学、更合理，使那些随着时间的推移应该纳入工伤的情形能够纳入，同时也为了与其他法律规定相衔接，本条规定职工有"法律、行政法规规定应当认定为工伤的其他情形"的，应当认定为工伤。

这里"法律、行政法规规定应当认定为工伤的其他情形"主要是指《工伤保险条例》出台后，由全国人大及其常委会制定并颁布实施的法律，以及国务院制定并颁布实施的行政法规规定应当认定为工伤的其他情形。这些情形也应该按照《工伤保险条例》的规定，进行工伤认定、劳动能力鉴定以及享受规定的工伤保险待遇等。

第十五条 职工有下列情形之一的，视同工伤：

（一）在工作时间和工作岗位，突发疾病死亡或者在48小时之内经抢救无效死亡的；

（二）在抢险救灾等维护国家利益、公共利益活动中受到伤害的；

（三）职工原在军队服役，因战、因公负伤致残，已取得革命伤

残军人证,到用人单位后旧伤复发的。

职工有前款第(一)项、第(二)项情形的,按照本条例的有关规定享受工伤保险待遇;职工有前款第(三)项情形的,按照本条例的有关规定享受除一次性伤残补助金以外的工伤保险待遇。

条文主旨

本条是关于视同工伤的情形及相应待遇的规定。

知识链接

视同工伤职工享受的工伤保险待遇,与认定为工伤的情形没有区别,无论是视同工伤还是认定为工伤,都应按照《工伤保险条例》的规定享受工伤保险待遇。

(1)关于视同工伤的情形

1)在工作时间和工作岗位,突发疾病死亡或者在48小时之内经抢救无效死亡的。这里所称的"工作时间",是指法律规定的或者用人单位要求职工工作的时间,包括加班加点的时间。这里所称的"工作岗位",是指职工日常所在的工作岗位和受本单位领导指派所从事工作的岗位。例如,清洁工人负责的清洁区域范围即属于该清洁工人的工作岗位。这里所称的"突发疾病",是指上班期间突然发生的任何种类的疾病。实际情况中,多为心脏病、脑出血、心肌梗死等突发性疾病。这里所称的"48小时之内"应从医疗机构的初次抢救时间开始计算,因为职工突发疾病是否死亡应以医疗机构出具的死亡诊断证明为依据。

2)在抢险救灾等维护国家利益、公共利益活动中受到伤害的。职工参与抢险救灾等维护国家利益、公共利益活动的行为,虽然可能与本职工作没有直接关系,但这种行为应该得到国家和社会的提倡与保护,职工由此受到的伤害应该得到相应补偿。因此,本条规定,职工在抢险救灾等维护国家利益、公共利益活动中受到伤害的,视同工伤,并按照《工伤保险条例》的有关规定享受工伤保险待遇。

这里所称的"维护国家利益、公共利益活动",是指职工在国家利益或者公共利益受到威胁时,有组织或者自发施行的、旨在阻止或者减少这种威胁及其可能造成的损失的行为。《工伤保险条例》列举了"抢险救灾"的情形,凡是与抢险救灾性质类似的行为,都应当认定为维护国家利益和公共利益的行为。

需要强调的是,在这种情形下,工伤认定不受工作时间、工作地点、工作原因等条件限制。

3)职工原在军队服役,因战、因公负伤致残,已取得革命伤残军人证,到用人单位后旧伤复发的。职工原在军队服役,因战、因公负伤致残,已取得革命伤残军人证,到用人单位后旧伤复发的,视同工伤,并按照《工伤保险条例》的有关规定享受除一次性伤残补助金以外的工伤保险待遇。

"旧伤复发"的确认应由协议医疗机构出具相应的医疗诊断,并由具有认定权的社会保险行政部门进行确认。《工伤保险条例》这样规定,主要是考虑职工原在军队服役期间,因公负伤致残后,已经按照军人的有关规定享受了各项待遇,工伤保险基金应该支付的是伤残军人旧伤复发后新发生的费用及相应的长期性待遇。

(2) 关于视同工伤职工的工伤保险待遇

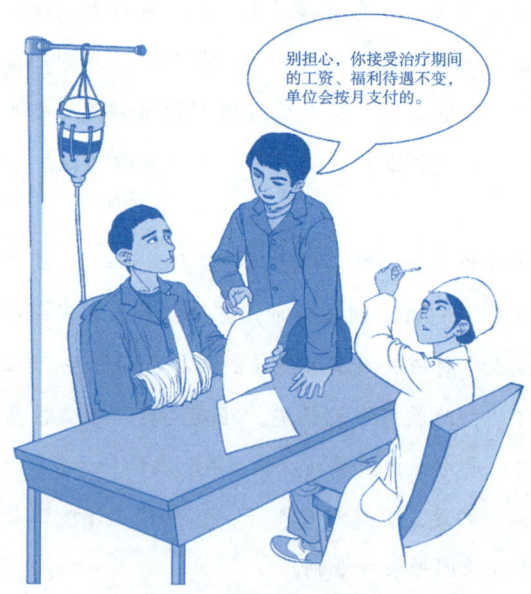

1) 享受《工伤保险条例》规定的工伤保险待遇。按照本条规

定,职工突发疾病死亡和在抢险救灾等活动中受伤的,享受《工伤保险条例》规定的全部工伤保险待遇,主要包括医疗康复待遇、伤残待遇和死亡待遇。

2)享受除一次性伤残补助金以外的工伤保险待遇。伤残军人旧伤复发的,按照《工伤保险条例》的有关规定享受除一次性伤残补助金外的工伤保险待遇。这是因为,一次性伤残补助金是对伤残职工伤残程度的一次性补偿,职工原在军队服役期间,因公负伤致残后,当时已经按照军队的有关规定享受了各项待遇,包括一次性待遇。职工原在军队享受的一次性待遇,性质上与《工伤保险条例》中的一次性伤残补助金等同,因此不应再重复享受。

第十六条 职工符合本条例第十四条、第十五条的规定,但是有下列情形之一的,不得认定为工伤或者视同工伤:

(一)故意犯罪的;

(二)醉酒或者吸毒的;

(三)自残或者自杀的。

条文主旨

本条是关于不得认定为工伤或者视同工伤情形的规定。

知识链接

排除认定工伤的情形是指职工虽然在工作中伤亡,但其伤亡与工作不具有因果关系,因而不能纳入工伤范畴。利用工作机会实施故意犯罪，工作中故意麻痹自己而使自己不能控制行为，自残、自杀等导致的工作过程中的伤亡，这3种情形导致的职工本人在工作中受到伤害，具有主观故意性，其后果应由行为人自己承担，不属于工伤保险范围。

（1）故意犯罪的

职工故意犯罪造成自身伤亡，应由职工本人承担相应的法律后果。《中华人民共和国刑法》（以下简称《刑法》）第十三条规定，一切危害国家主权、领土完整和安全，分裂国家、颠覆人民民主专政的政权和推翻社会主义制度，破坏社会秩序和经济秩序，侵犯国有财产或者劳动群众集体所有的财产，侵犯公民私人所有的财产，侵犯公民的人身权利、民主权利和其他权利，以及其他危害社会的行为，依照法律应当受刑罚处罚的，都是犯罪。犯罪具有以下3个特征：一是社会危害性。这是犯罪最基本的、具有决定意义的特征。社会危害性必须达到一定程度才能构成犯罪，情节显著轻微且危害不大的，不构成犯罪。二是刑事违法性。具有社会危害性的行为并不都是犯罪，只有《刑法》规定的危害社会的行为才是犯罪。三是应受惩罚性。犯罪的应受惩罚性是由犯罪的前两个特征派生出来的法律后果。但并不是所有因犯罪造成的伤亡都不是工伤，只有故意犯罪造成的伤亡才不认定为工伤。何谓故意犯罪？《刑法》第十四条规定，明知自己的行为会发生危害社会的结果，并且希望或者放任这种结果发生，因而构成犯罪的，是故意犯罪。

"故意犯罪"的认定，应当以司法机关的生效法律文书或者结论性意见为依据。

（2）醉酒或者吸毒的

因醉酒导致的伤亡是指职工饮用含有酒精的饮料达到醉酒状态，在酒精作用期间从事工作受到事故伤害。酒精具有麻痹神经中枢的作用，会导致行为人的判断能力和反应能力迟钝，难以辨认或控制自己的行为。职工在工作时因醉酒导致行为失控而对自己造成的伤害，不认定为工伤。对于醉酒，应依据行为人体内酒精含量的检测结果作出认定，如发现行为人体内酒精含量达到或者超过一定标准，就应认定为醉酒。

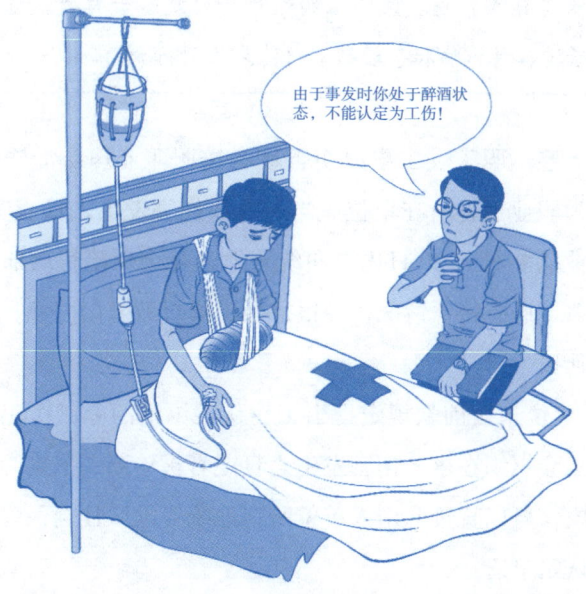

由于事发时你处于醉酒状态，不能认定为工伤！

《社会保险法》将吸毒排除在工伤之外。为了与《社会保险法》的规定相衔接，《工伤保险条例》规定，吸毒造成本人伤亡的，不得认定为工伤。吸毒在医学上多称为药物依赖和药物滥用，对吸毒者的身心危害极大。吸毒后，人的控制力降低。职工在工作时因吸毒导致行为失控而对自己造成的伤害，不认定为工伤。

"醉酒或者吸毒"的认定，应当以有关机关出具的法律文书或者人民法院的生效裁决为依据。无法获得上述证据的，可以结合相关证据认定。

（3）自残或者自杀的

自残是指行为人伤害自己的身体并造成伤害结果的行为。例如，某职工为了获取工伤保险赔付或逃避劳动，在工作过程中故意用利器将自己扎伤。该职工的这种行为就属于自残。自杀是指行为人通过各种方法和手段结束自己生命的行为。

第十七条 职工发生事故伤害或者按照职业病防治法规定被诊断、鉴定为职业病，所在单位应当自事故伤害发生之日或者被诊断、鉴定为职业病之日起30日内，向统筹地区社会保险行政部门提出工伤认定申请。遇有特殊情况，经报社会保险行政部门同意，申请时限可以适当延长。

用人单位未按前款规定提出工伤认定申请的，工伤职工或者其近亲属、工会组织在事故伤害发生之日或者被诊断、鉴定为职业病之日起1年内，可以直接向用人单位所在地统筹地区社会保险行政部门提出工伤认定申请。

按照本条第一款规定应当由省级社会保险行政部门进行工伤认定的事项，根据属地原则由用人单位所在地的设区的市级社会保险行政部门办理。

用人单位未在本条第一款规定的时限内提交工伤认定申请，在此期间发生符合本条例规定的工伤待遇等有关费用由该用人单位负担。

 条文主旨

本条是关于申请工伤认定的申请主体、申请时限、机构的规定。

 知识链接

（1）工伤认定的申请主体

根据本条规定，工伤认定的申请主体有两类，一类是职工所在单位；另一类是工伤职工或者其近亲属，以及工伤职工所在单位的工会组织。

1）职工所在单位

工伤保险遵循的是雇主责任原则，在工伤保险方面雇主承担了许多责任和义务。工伤事故发生或者被诊断、鉴定为职业病以后，为了及时抢救工伤职工，保障职工的合法权益，促进用人单位的安全生产，有必要要求工伤职工所在单位承担首要的工伤申报义务。同时，将所在单位的申报时间限定为事故伤害发生之日或者被诊断、鉴定为职业病之日起30日内。只有在特殊情况下，经过社会保险行政部门的同意，才可以将申报时间延长。

2）工伤职工或者其近亲属，以及工伤职工所在单位的工会组织

申请工伤认定是工伤职工的一项基本权利，也是工伤职工获得工伤保险待遇的前提。为了充分保护职工的合法权益，本条规定，工伤职工的工伤认定时限为1年，远远长于所在单位的申请时限。同时，在很多工伤事故发生的情况下，工伤职工在医疗机构接受治疗时很难亲自去办理工伤申请等事项，因此本条规定，工伤职工的近亲属，如配偶、父母、成年子女等，都可以成为申请工伤认定的主体。这里规定"近亲属"，主要考虑两个方面：一方面配偶应有提出工伤认定申请的权利；另一方面配偶不属于"直系亲属"的范围，但属于"近亲属"的范围。

此外，作为维护职工权益的专门性群众组织的工会组织，也有权申请进行工伤认定。

（2）工伤认定的申请时限

本条根据申请主体的不同，将工伤认定的申请时限分为以下

两类。

1) 对用人单位而言，申请时限一般为事故伤害发生之日或者由省级人民政府卫生行政部门指定的职业病诊断机构诊断、鉴定为职业病之日起30日内；情况特殊的，经社会保险行政部门批准，可以适当延长。

2) 对个人而言，工伤认定的申请时限为事故伤害发生之日或者被诊断、鉴定为职业病之日起1年内。

对用人单位的申报时限要求较短，主要是为了加强对用人单位安全生产的监管，便于有关证据的搜集与分析，及时保护职工的合法权益。而对个人的申请期限作较长的规定，主要是为了充分保障职工的申请权利。

需要说明的是，为了督促用人单位及时向有关社会保险行政部门提出工伤认定申请，本条第四款规定，对用人单位逾期未提出认定申请的，在此期间发生的工伤待遇等有关费用由该用人单位负担。这里用人单位承担工伤待遇等有关费用的期间是指从事故伤害发生之日或被诊断、鉴定为职业病之日起到人力资源社会保障行政部门受理工伤认定申请之日止。

3) 有下列情形之一的，被延误的时间不计算在工伤认定申请时限内：

①受不可抗力影响的；

②职工由于被国家机关依法采取强制措施等人身自由受到限制不能申请工伤认定的；

③申请人正式提交了工伤认定申请，但因社会保险行政部门

未登记或者材料遗失等原因造成申请超时限的;

④当事人就确认劳动关系申请劳动仲裁或提起民事诉讼的;

⑤其他符合法律法规规定的情形。

(3) 工伤认定的机构

根据本条规定,工伤认定应当由统筹地区的社会保险行政部门作出。之所以这样规定,主要基于以下几点考虑。

首先,工伤认定是一种行政行为,需要由有关行政部门作出。在我国,负责社会保险工作的行政部门是社会保险行政部门,从事工伤保险具体事务管理的单位是社会保险经办机构,为了建立相互监督制约的机制,《工伤保险条例》将工伤认定的权力授予了社会保险行政部门。

其次,工伤认定部门的层次与工伤保险基金的统筹层次相同。工伤保险管理的各个环节是一个有机整体,工伤认定是工伤保险待遇支付的前提条件,为了便于工作的衔接和管理,《工伤保险条例》规定,工伤认定工作由统筹地区的社会保险行政部门负责。

最后,统筹地区的社会保险行政部门在进行工伤认定时,必须遵守《工伤保险条例》所规定的条件、时限、程序等各项要求,严格依法办事,不得徇私舞弊、玩忽职守、贪污受贿。对弄虚作假将不符合工伤条件的人员认定为工伤职工的,或者无正当理由不受理工伤认定申请的,依法给予处分;情节严重构成犯罪的,依法追究刑事责任。

第十八条 提出工伤认定申请应当提交下列材料:

(一)工伤认定申请表;

（二）与用人单位存在劳动关系（包括事实劳动关系）的证明材料；

（三）医疗诊断证明或者职业病诊断证明书（或者职业病诊断鉴定书）。

工伤认定申请表应当包括事故发生的时间、地点、原因以及职工受伤害程度等基本情况。

工伤认定申请人提供材料不完整的，社会保险行政部门应当一次性书面告知工伤认定申请人需要补正的全部材料。申请人按照书面告知要求补正材料后，社会保险行政部门应当受理。

条文主旨

本条是关于工伤认定申请过程中应提交材料的规定。

知识链接

工伤认定主要实行书面审查，因此，工伤职工所在单位、工伤职工个人、工会组织申请工伤认定时，应当提交全面、真实的书面材料，以便于社会保险行政部门准确、及时地作出工伤认定。提出工伤认定申请应当提交以下材料。

（1）工伤认定申请表

工伤认定申请表是申请工伤认定的基本材料，内容包括事故发生的时间、地点、原因以及工伤职工受伤害程度等基本情况。通过工伤认定申请表，认定机构对所在单位、工伤职工本人以及工伤事故或者职业病的现状、原因等基本事项有一个简明、清楚的了解。工伤认定申请表统一样式由人力资源社会保障部制定。

（2）与用人单位存在劳动关系（包括事实劳动关系）的证明材料

劳动关系证明材料是社会保险行政部门确定对象资格的凭证。规范的劳动关系证明材料是劳动合同，它是劳动者与用人单位建立劳动关系的法定凭证。但在现实生活中，一些企业、个体工商户未与其职工签订劳动合同，为了保护这些职工享受工伤保险待遇的权益，《工伤保险条例》规定，劳动关系证明材料包括能够证明与用人单位存在事实劳动关系的材料。据此，职工在没有签订劳动合同的情况下，可以提供一些能够证明劳动关系存在的其他材料，如领取劳动报酬的证明、单位同事的证言证词等证明。

(3) 医疗诊断证明或者职业病诊断证明书（或者职业病诊断鉴定书）

对于医疗诊断证明需要把握以下两点。

1) 出具医疗诊断证明的医疗机构，一般情况下，应是与社会保险经办机构签订工伤保险服务协议的医疗机构；特殊情况下，也可以是非协议医疗机构，如对受到事故伤害的工伤职工实施急救的医疗机构。

2) 出具职业病诊断证明的，应是用人单位所在地或者本人居住地的、经省级以上人民政府卫生行政部门批准的承担职业病诊断责任的医疗卫生机构；出具职业病诊断鉴定证明的，应是设区的市级职业病诊断鉴定委员会，或者是省、自治区、直辖市职业病诊断鉴定委员会。

工伤认定申请人提供的材料不完整的，社会保险行政部门应当一次性书面告知工伤认定申请人需要补正的全部材料。告知的时限在《工伤认定办法》中作出了规定，即社会保险行政部门应当在15个工作日内以书面形式一次性告知工伤认定申请人需要补正的全部材料。

第十九条 社会保险行政部门受理工伤认定申请后，根据审核需要可以对事故伤害进行调查核实，用人单位、职工、工会组织、医疗机构以及有关部门应当予以协助。职业病诊断和诊断争议的鉴定，依照职业病防治法的有关规定执行。对依法取得职业病诊断证明书或者职业病诊断鉴定书的，社会保险行政部门不再进行调查核实。

职工或者其近亲属认为是工伤，用人单位不认为是工伤的，由用人单位承担举证责任。

本条是关于工伤事故的调查核实和工伤认定举证责任的规定。

（1）社会保险行政部门负责工伤事故的调查核实

社会保险行政部门受理工伤认定申请后，首先应对申请人提供的申请材料进行书面审核。在书面审核过程中，可以通过对当事人提供的材料进行分析、电话询问有关人员、与当事人面谈等方式，对申请材料所提供信息的真实性、全面性作出判断。如果申请人提供的材料真实、准确，并且能够说明自己的主张，社会保险行政部门可以据此作出工伤认定决定。经书面审核后，如果发现申请人提供的材料及相关证据不能支持自己的主张，社会保险行政部门不能据此作出是否属于或视同工伤的认定决定。此时，就需要对申请所涉及的用人单位和个人进行调查核实，以确定哪些证据可以采信，哪些证据不能采信。被调查的用人单位、工会组织、医疗机构、有关人员等应当协助社会保险行政部门调查，如实反映情况，并提供相应证据。此外，如果经认定机构实地调查后，用人单位与职工有不同的主张，并且各自提供的材料及证据都不足以支持自己的主张，那么此时应由用人单位承担举证责任。如果用人单位提供的证据不足以推翻职工提供的证据，那么社会保险行政部门可以根据职工提供的材料及证据作出工伤认定决定。

社会保险行政部门在进行调查核实时，应注意以下几点。

1）所进行的调查应当是必需的，实际工作中确实需要对某些材料或证据进行核实的，才进行调查。

2）调查核实应当合法。社会保险行政部门工作人员进行调查核实，不能干扰被调查单位的正常生产、工作秩序，应由两名以上人员共同进行，并出示执行公务的证件。对在调查过程中知悉的有关单位商业秘密及个人隐私予以保密，并为提供情况的有关人员保密。

3）依法行使职权。社会保险行政部门工作人员进行调查核实时，可以行使下列职权：①根据工作需要，进入有关单位和事故现场；②依法查阅与工伤认定有关的资料，询问有关人员并作出调查笔录；③记录、录音、录像和复制与工伤认定有关的资料。

4）必要时可以委托调查核实。社会保险行政部门经书面审核后，认为需要进行调查核实，而自己进行调查核实又有困难的，如对职工因工外出期间受到的伤害进行调查，可以根据工作需要，委托其他统筹地区的社会保险行政部门或相关部门进行调查核实。

（2）依法取得职业病诊断证明书或者职业病诊断鉴定书的，社会保险行政部门不再进行调查核实

对依法取得职业病诊断证明书或者职业病诊断鉴定书的，社会保险行政部门不再进行调查核实。但是，社会保险行政部门如果发现申请人提交的职业病诊断证明书或者职业病诊断鉴定书不符合国家规定的格式和要求时，有权要求出具证据的部门重新提供。

（3）用人单位的举证责任

职工与用人单位的主张不一致时，由用人单位承担举证责任。这样规定，主要考虑在用人单位与职工之间，用人单位处于管理者的地位，职工对用人单位具有依附性和从属性。与职工有关的各种文书、文件都是由用人单位拟定并由其保管的，如职工花名册、工资支付单等。当职工与用人单位的主张不一致时，双方必须提供相应证据，而这些证据往往涉及上述文书、文件。

（4）用人单位、职工、工会组织、医疗机构以及有关部门应予以协助

为确保工伤认定结论的客观公正，社会保险行政部门在进行

工伤认定时,可以根据需要对有关情况进行调查核实。在调查核实过程中,不同的用人单位和人员应从不同方面给予配合协助。有配合义务的单位或人员,如果是申请工伤认定的主体,应协助社会保险行政部门说明申请材料的各项内容以及提供的有关证据情况。这里的有关部门包括出具有效证据的各相关部门,如在机动车事故中出具证明的交通管理部门、出具宣告死亡结论的人民法院等。这些部门对于社会保险行政部门的询问应予以协助和配合。

第二十条 社会保险行政部门应当自受理工伤认定申请之日起60日内作出工伤认定的决定,并书面通知申请工伤认定的职工或者其近亲属和该职工所在单位。

社会保险行政部门对受理的事实清楚、权利义务明确的工伤认定申请,应当在15日内作出工伤认定的决定。

作出工伤认定决定需要以司法机关或者有关行政主管部门的结论为依据的,在司法机关或者有关行政主管部门尚未作出结论期间,作出工伤认定决定的时限中止。

社会保险行政部门工作人员与工伤认定申请人有利害关系的,应当回避。

条文主旨

本条是关于工伤认定的时限和回避的相关规定。

知识链接

对于本条规定，应当从以下4个方面来把握。

一是工伤认定的时限。对工伤认定的时限作出规定，既可以及时有效地保护职工的合法权益，有利于保持社会安定，又能够提高社会保险行政部门的工作效率，避免工伤认定工作久拖不决。需要指出的是，工伤认定时限的起算时间为受理工伤认定申请之日，即申请人按规定完整地提交了申请材料之日。工伤认定申请人提交的材料不完整的，应从材料提交完整之日起开始计算。

二是认定决定的送达方式。工伤认定决定是工伤职工能否享受工伤保险待遇的依据，也是当事人申请行政复议和提起行政诉讼的依据。因此，工伤认定决定必须以书面方式送达。

三是送达对象。工伤认定决定直接关系工伤职工和用人单位的利益，因此应当同时送达工伤职工（或者其近亲属）和该职工所在单位。为使工伤认定工作与工伤保险待遇给付工作相衔接，工伤认定决定在送达相关对象的同时，应当抄送社会保险经办机构。

四是送达期限。《工伤认定办法》对送达期限作了规定，即社会保险行政部门应当自工伤认定决定作出之日起20日内送达有关当事人。

针对实际工作中存在的一些工伤认定决定需要等待司法机关或者有关行政主管部门作出结论的情况，《工伤保险条例》专门作了中止规定。例如，受到事故伤害的职工正在接受法院的审理，是否认定其为故意犯罪，在这期间应当中止工伤认定，如果法院认定为不是故意犯罪或者无罪，就需要重新启动工伤认定程序。又如，上下班途中发生的交通事故，是不是职工本人的主要责任，需等待交通管理部门的认定，同样应当中止工伤认定，如果结论是本人应当负主要责任，则不能认定为工伤；反之，则可以认定为工伤。

为了保证工伤认定工作的公开、公正，本条作了回避规定。按照本条规定，社会保险行政部门从事直接相关工伤认定工作的人员，若与工伤认定申请人有亲戚、同事、同学等利害关系，可能影响公正作出工伤认定的，均需回避。

第4章 劳动能力鉴定

第二十一条 职工发生工伤，经治疗伤情相对稳定后存在残疾、影响劳动能力的，应当进行劳动能力鉴定。

 条文主旨

本条是关于职工进行劳动能力鉴定条件的规定。

 知识链接

工伤职工进行劳动能力鉴定应符合以下条件：

1）职工经过治疗后，伤情处于相对稳定状态；

2）职工经治疗后，确认是因工伤原因造成职工身体上的残疾；

3）工伤职工的残疾对以后的工作、生活将产生直接影响，并且伤残程度已经影响到职工本人的劳动能力。

第二十二条 劳动能力鉴定是指劳动功能障碍程度和生活自理障碍程度的等级鉴定。

劳动功能障碍分为十个伤残等级，最重的为一级，最轻的为十级。

生活自理障碍分为三个等级：生活完全不能自理、生活大部分不能自理和生活部分不能自理。

劳动能力鉴定标准由国务院社会保险行政部门会同国务院卫生行政部门等部门制定。

第4章 劳动能力鉴定

条文主旨

本条是关于劳动能力鉴定等级的规定。

知识链接

依据《劳动能力鉴定 职工工伤与职业病致残等级》(GB/T 16180—2014),劳动能力鉴定是指法定机构对劳动者在职业活动中因工负伤或患职业病后,根据国家工伤保险法律法规规定,在评定伤残等级时通过医学检查对劳动功能障碍程度(伤残程度)和生活自理障碍程度作出的技术性鉴定结论。

劳动能力鉴定分为劳动功能障碍程度等级鉴定和生活自理障碍程度等级鉴定两部分。

(1)劳动功能障碍程度等级鉴定

劳动功能障碍共分为十级:一级为器官缺失或功能完全丧失,其他器官不能代偿,存在特殊医疗依赖,或完全或大部分或部分生活自理障碍;二级为器官严重缺损或畸形,有严重功能障碍或并发症,存在特殊医疗依赖,或大部分或部分生活自理障碍;三级为器官严重缺损或畸形,有严重功能障碍或并发症,存在特殊医疗依赖,或部分生活自理障碍;四级为器官严重缺损或畸形,有严重功能障碍或并发症,存在特殊医疗依赖,或部分生活自理障碍或无生活自理障碍;五级为器官大部缺损或明显畸形,有较重功能障碍或并发症,存在一般医疗依赖,无生活自理障碍;六级为器官大部缺损或明显畸形,有中等功能障碍或并发症,存在一般医疗依赖,无生活自理障碍;七级为器官大部缺损或畸形,有轻度功能障碍或并发症,存在一般医疗依赖,无生活自理障碍;八级为器官部分缺损,形态异常,轻度功能障碍,存在一般医疗依赖,无生活自理障碍;九级为器官部分缺损,形态异常,轻度功能障碍,无医疗依赖或者存在一般医疗依赖,无生活自理障碍;十级为器官部分缺损,形态异常,无功能障碍或轻度功能障碍,无医疗依赖或者存在一般医疗依赖,无生活自理障碍。

(2) 生活自理障碍程度等级鉴定

《劳动能力鉴定 职工工伤与职业病致残等级》(GB/T 16180—2014) 中关于生活自理障碍规定如下。

1) 生活自理范围主要包括下列五项。

①进食:完全不能自主进食,需依赖他人帮助。

②翻身:不能自主翻身。

③大、小便:不能自主行动,排大小便需依靠他人帮助。

④穿衣、洗漱:不能自己穿衣、洗漱,完全依赖他人帮助。

⑤自主行动:不能自主走动。

2) 生活自理障碍分三级。

①完全生活自理障碍:生活完全不能自理,上述五项均需护理。

②大部分生活自理障碍:生活大部分不能自理,上述五项中三项或四项需要护理。

③部分生活自理障碍:部分生活不能自理,上述五项中一项或两项需要护理。

第4章 劳动能力鉴定

第二十三条 劳动能力鉴定由用人单位、工伤职工或者其近亲属向设区的市级劳动能力鉴定委员会提出申请,并提供工伤认定决定和职工工伤医疗的有关资料。

 条文主旨

> 本条是关于劳动能力鉴定申请主体、受理机构和申请材料的规定。

 知识链接

(1) 申请主体

申请主体包括用人单位、工伤职工或其近亲属。

63

(2) 受理机构

《工伤保险条例》将劳动能力鉴定委员会分为设区的市级劳动能力鉴定委员会和省、自治区、直辖市劳动能力鉴定委员会两级,由设区的市级劳动能力鉴定委员会受理劳动能力的初次鉴定申请。承担劳动能力鉴定委员会日常工作的机构,应当统筹工伤职工鉴定、因病或非因工致残人员鉴定,其设置方式由各地根据实际情况决定,并接受人力资源社会保障行政部门的监督。

(3) 申请材料

根据《劳动能力鉴定管理办法》,申请劳动能力鉴定应当填写劳动能力鉴定申请表,并提交下列材料:

1)有效的诊断证明、按照医疗机构病历管理有关规定复印或者复制的检查、检验报告等完整的病历资料;

2)被鉴定人的居民身份证或者社会保障卡等其他有效身份证明原件。

第二十四条 省、自治区、直辖市劳动能力鉴定委员会和设区的市级劳动能力鉴定委员会分别由省、自治区、直辖市和设区的市级社会保险行政部门、卫生行政部门、工会组织、经办机构代表以及用人单位代表组成。

劳动能力鉴定委员会建立医疗卫生专家库。列入专家库的医疗卫生专业技术人员应当具备下列条件:

(一)具有医疗卫生高级专业技术职务任职资格;

(二)掌握劳动能力鉴定的相关知识;

（三）具有良好的职业品德。

条文主旨

本条是关于劳动能力鉴定委员会及医疗卫生专家库的规定。

知识链接

　　劳动能力鉴定委员会由社会保险行政部门、卫生健康行政部门、工会组织、用人单位代表和经办机构代表组成。这是因为，社会保险行政部门作为管理工伤保险的行政部门，负责制定有关工伤保险的政策，具体负责工伤认定和其他有关事项的组织管理；卫生健康行政部门主管医疗卫生事业，劳动能力鉴定由具备资格的医疗卫生专家或者医疗机构协助诊断，因此，劳动能力鉴定委员会应有卫生健康行政部门代表参加；工会组织是代表职工利益的组织，为维护职工的合法权益、保障工伤职工得到及时救助，工会组织的代表参加劳动能力鉴定委员会是十分必要的；用人单位代表参加劳动能力鉴定委员会，是因为工伤保险基金主要是由各用人单位缴纳的工伤保险费构成；经办机构代表参加劳动能力鉴定委员会，是因为经办机构是工伤保险待遇的支付方，一旦工伤职工通过劳动能力鉴定，经办机构就要按照鉴定结论等级支付工伤保险待遇，经办机构代表参加劳动能力鉴定委员会，有利于维护工伤保险基金的安全。

　　我国劳动能力鉴定委员会从组织上分为两级，即设区的市级劳动能力鉴定委员会和省、自治区、直辖市劳动能力鉴定委员会。

这一举措是为了简化程序，当工伤职工对设区的市级劳动能力鉴定委员会作出的初次劳动能力鉴定结论不服时，可以向上一级，也就是省、自治区、直辖市劳动能力鉴定委员会申请再次鉴定，明确了工伤职工申请劳动能力鉴定的程序，避免出现过去劳动能力鉴定时间过长，工伤职工不能及时享受工伤保险待遇的情况。

《劳动能力鉴定管理办法》规定，劳动能力鉴定委员会选聘医疗卫生专家，由所在医疗机构或卫生健康行政部门推荐，经劳动能力鉴定委员会培训合格，方可纳入劳动能力鉴定专家库。专家聘期一般为3年，可以连续聘任。聘任的专家应当具备下列条件：

（1）具有医疗卫生中高级专业技术职务任职资格；

（2）掌握劳动能力鉴定的相关知识；

（3）具有良好的职业品德。

第二十五条　设区的市级劳动能力鉴定委员会收到劳动能力鉴定申请后，应当从其建立的医疗卫生专家库中随机抽取3名或者5名相关专家组成专家组，由专家组提出鉴定意见。设区的市级劳动能力鉴定委员会根据专家组的鉴定意见作出工伤职工劳动能力鉴定结论；必要时，可以委托具备资格的医疗机构协助进行有关的诊断。

设区的市级劳动能力鉴定委员会应当自收到劳动能力鉴定申请之日起60日内作出劳动能力鉴定结论，必要时，作出劳动能力鉴定结论的期限可以延长30日。劳动能力鉴定结论应当及时送达申请鉴定的单位和个人。

第 4 章 劳动能力鉴定

 **条文主旨**

本条是关于劳动能力鉴定委员会进行鉴定的步骤和时限的规定。

 知识链接

设区的市级劳动能力鉴定委员会受理劳动能力的初次鉴定申请。本条所提到的随机抽取,是指按照自由组合的原则从医疗卫生专家库中随机抽取专家,这样可以防止申请人或者与劳动能力鉴定有利害关系的相关人员提前与医疗专家"沟通",从而造成劳动能力鉴定结论不客观、不公正。专家组由3名或者5名相关专家组成,主要是考虑到:在劳动能力鉴定过程中,被鉴定人的伤残情况可能涉及多个部位,需要多方面医学专科专家作出判断;在专家判断存在分歧的情况下,按照少数服从多数的原则,鉴定结论由占多数的专家意见决定。

专家组根据医疗卫生专业知识和劳动能力评残标准作出医疗鉴定。专家组的鉴定意见是劳动能力鉴定委员会作出劳动能力鉴定结论的医学依据。此外,本条规定,专家组作出相对复杂的劳动能力鉴定,需要借助医疗机构的医疗设备和其他设施时,设区的市级劳动能力鉴定委员会可以委托从事工伤医疗救治、康复等工作且具备资格的医疗机构,协助进行有关诊断。

劳动能力鉴定委员会根据专家组的鉴定意见,确定被鉴定人的劳动功能障碍程度和生活护理依赖程度,作出劳动能力鉴定结论。劳动能力鉴定结论是工伤职工享受工伤保险待遇的依据，工伤保险经办机构根据劳动能力鉴定委员会作出的劳动能力鉴定结论，按照工伤职工的伤残等级支付相应的工伤保险待遇。

根据本条规定，一般情况下，劳动能力鉴定结论应该在收到劳动能力鉴定申请之日起60日内作出。只有在工伤职工的病情复杂，或者发生当事人不能预见、不能避免且不能克服的不可抗力时，申请期限才可以适当延长，但延长期不得超过30日。此外，在劳动能力鉴定结论作出后，劳动能力鉴定委员会应当及时将鉴定结论送达申请鉴定的单位和个人。

第二十六条 申请鉴定的单位或者个人对设区的市级劳动能力鉴定委员会作出的鉴定结论不服的，可以在收到该鉴定结论之日起15日内向省、自治区、直辖市劳动能力鉴定委员会提出再次鉴定申请。省、自治区、直辖市劳动能力鉴定委员会作出的劳动能力鉴定结论为最终结论。

本条是关于劳动能力再次鉴定申请的规定。

省、自治区、直辖市劳动能力鉴定委员会是再次鉴定申请的受理机构。申请鉴定的单位或者个人对设区的市级劳动能力鉴定委员会作出的初次鉴定结论不服的，可以在收到该鉴定结论之日起 15 日内向省、自治区、直辖市劳动能力鉴定委员会提出再次鉴定申请。省、自治区、直辖市劳动能力鉴定委员会作出的劳动能力鉴定结论为最终结论。

省、自治区、直辖市劳动能力鉴定委员会在再次鉴定的过程中，如果发现设区的市级劳动能力鉴定委员会作出的鉴定结论有重大错误，可以依法定程序重新进行鉴定。对经审查无错误的，省、自治区、直辖市劳动能力鉴定委员会应当维持设区的市级劳动能力鉴定委员会作出的鉴定结论，驳回申请人的申请。

在劳动能力鉴定中设立再次鉴定程序，主要是为申请人提供再次鉴定的救济渠道。因为在劳动能力鉴定工作中可能会出现鉴定有失公允或者申请人主观认为鉴定结论不客观公正的情况，给申请人提供再次鉴定的机会，不仅体现了劳动能力鉴定程序的科学性，也体现了劳动能力鉴定工作的公正性。

第二十七条 劳动能力鉴定工作应当客观、公正。劳动能力鉴定委员会组成人员或者参加鉴定的专家与当事人有利害关系的，应当回避。

条文主旨

本条是关于劳动能力鉴定工作的原则和回避制度的规定。

知识链接

劳动能力鉴定工作应当客观、公正。"客观"是指在劳动能力鉴定过程中实事求是，针对工伤职工业已存在的实际伤情，按照劳动能力鉴定标准进行鉴定。"公正"是指劳动能力鉴定委员会的工作人员和医疗卫生专家组的专家，在对工伤职工进行劳动能力鉴定过程中，保持公正的态度，做到不徇私情，不作出有失公允的鉴定结论。

劳动能力鉴定工作中的回避制度，是为了确保劳动能力鉴定工作的客观、公正，经当事人申请，要求与当事人或申请人有利害关系的劳动能力鉴定委员会成员或者参加鉴定的医疗卫生专家回避，不得参与劳动能力鉴定工作的制度。这里的利害关系是指劳动能力鉴定委员会成员或者参加鉴定的医疗卫生专家与当事人有亲属关系或其他利益关系。

第二十八条 自劳动能力鉴定结论作出之日起1年后，工伤职工或者其近亲属、所在单位或者经办机构认为伤残情况发生变化的，可以申请劳动能力复查鉴定。

 **条文主旨**

> 本条是关于劳动能力复查鉴定的规定。

 知识链接

> 劳动能力复查鉴定是指已经劳动能力鉴定的被鉴定人，在劳动能力鉴定结论作出 1 年后，被鉴定人或者其近亲属、所在单位或者经办机构认为伤残情况发生变化，向劳动能力鉴定委员会提出复查鉴定申请，劳动能力鉴定委员会依据国家标准对其进行鉴定，作出新的劳动能力鉴定结论的鉴定。
>
> 本条款主要是针对已经劳动能力鉴定委员会鉴定评定伤残等级后的工伤职工，其伤残情况有可能经过一定时期以后发生变化，出现劳动功能障碍程度和生活护理依赖程度加重或减轻的情况。根据本条规定，劳动能力复查鉴定的申请时间，为劳动能力鉴定结论作出之日起 1 年后。之所以这样规定，主要考虑到劳动能力鉴定是按照被鉴定人当时的伤残情况作出的，而被鉴定人的伤残程度有可能通过医疗康复得到减轻，也有可能进一步恶化。规定为期 1 年的观察期，可以防止当事人过于频繁地提出复查鉴定，干扰正常的鉴定工作。

第二十九条 劳动能力鉴定委员会依照本条例第二十六条和第二十八条的规定进行再次鉴定和复查鉴定的期限，依照本条例第二十五条第二款的规定执行。

条文主旨

本条是关于劳动能力再次鉴定和复查鉴定期限的规定。

知识链接

《工伤保险条例》明确了再次鉴定和复查鉴定的时限，规定劳动能力再次鉴定和复查鉴定的时限按照初次鉴定的时限执行。即在一般情况下，劳动能力再次鉴定和复查鉴定结论应该在收到劳动能力再次鉴定和复查鉴定申请之日起60日内作出。只有在工伤职工的病情复杂，或者遇到当事人不能预见、不能避免且不能克服的不可抗力时，劳动能力再次鉴定和复查鉴定申请期限才可以适当延长，但延长期不能超过30日。

第5章 工伤保险待遇

第三十条 职工因工作遭受事故伤害或者患职业病进行治疗，享受工伤医疗待遇。

职工治疗工伤应当在签订服务协议的医疗机构就医，情况紧急时可以先到就近的医疗机构急救。

治疗工伤所需费用符合工伤保险诊疗项目目录、工伤保险药品目录、工伤保险住院服务标准的，从工伤保险基金支付。工伤保险诊疗项目目录、工伤保险药品目录、工伤保险住院服务标准，由国务院社会保险行政部门会同国务院卫生行政部门、食品药品监督管理部门等部门规定。

职工住院治疗工伤的伙食补助费，以及经医疗机构出具证明，报经办机构同意，工伤职工到统筹地区以外就医所需的交通、食宿费用从工伤保险基金支付，基金支付的具体标准由统筹地区人民政府规定。

工伤职工治疗非工伤引发的疾病,不享受工伤医疗待遇,按照基本医疗保险办法处理。

工伤职工到签订服务协议的医疗机构进行工伤康复的费用,符合规定的,从工伤保险基金支付。

 **条文主旨**

本条是关于治疗工伤的规定。

 知识链接

(1)工伤保险医疗待遇

工伤职工进行治疗,享受工伤医疗待遇,这是一项基本的工伤保险待遇。按照本条规定,工伤医疗待遇包括:①治疗工伤所需的挂号费、检查费、医疗费、药费等费用符合工伤保险诊疗项目目录、工伤保险药品目录、工伤保险住院服务标准的，从工伤保险基金中支付；②工伤职工治疗工伤需要住院的，职工住院治疗工伤的伙食补助费，以及经医疗机构出具证明，报社会保险经办机构同意，工伤职工到统筹地区以外就医所需的交通、食宿费用从工伤保险基金中支付，具体标准由统筹地区人民政府规定；③工伤职工需要停止工作接受治疗的，享受停工留薪期待遇，停工留薪期满后，需要继续治疗的，继续享受①、②项工伤医疗待遇。此外，本条还规定，工伤职工治疗非工伤引发的疾病，不享受工伤医疗待遇，按照基本医疗保险办法处理。

（2）工伤医疗机构

工伤职工因工负伤或者患职业病进行治疗（包括工伤康复），可以享受工伤医疗待遇，但应当前往签订服务协议的医疗机构就医，情况紧急时可以先到就近的医疗机构急救。工伤职工确需跨统筹地区就医的，须由医疗机构出具证明，并经社会保险经办机构同意。据此，工伤职工就医应当注意以下几点。

一是明确了解本统筹区域内与社会保险经办机构签订服务协议的医疗机构。

二是工伤职工应在与社会保险经办机构签订服务协议的医疗机构就医。除急诊和急救工伤职工可以先到就近的医疗机构救治外，工伤职工在未签订服务协议的医疗机构就医发生的费用不列入职工工伤保险给付范围。

三是考虑到工伤保险各统筹地区经济发展和医疗消费水平的

差异，以及工伤保险制度管理方面的现实状况，为避免引发矛盾，工伤职工需要跨统筹地区就医的，须由签订服务协议的医疗机构出具证明，并经社会保险经办机构同意。

(3) 目录和标准

1) 工伤保险诊疗项目目录是指根据诊疗技术的应用范围、使用的广泛性、技术的成熟程度和安全性以及费用的高低等，将诊疗技术进行分类并分别制定不同的费用支付办法的标准性规范。

2) 工伤保险药品目录是指保证工伤职工临床治疗必需的，纳入工伤保险基金给付范围的药品目录。它是工伤保险用药范围管理的一种方式。纳入工伤保险药品目录的药品，应是临床必需、安全有效、价格合理、市场能够保证供应的药品，并具备下列条件之一：已被《中华人民共和国药典》收载；符合国家药品监督管理部门颁发的标准；从国外进口的药品，应当是经国家药品监督管理部门批准正式进口的药品。

3) 工伤保险住院服务标准是指可纳入工伤保险基金支付范围的与医疗技术非直接相关的病房条件、就诊环境等辅助性服务设施费用的支付标准。

(4) 工伤康复服务

工伤康复是指综合、协调地应用医疗的、工程的、教育的、职业的、心理的、社会的以及其他措施，对工伤职工进行治疗、辅助、训练、辅导、补偿、提高，恢复工伤职工的身体功能、生活自理能力和职业劳动能力，以消除或者减轻工伤造成的后果，改善工伤职工参与劳动就业等社会生活的自身条件。工伤康复服务一般包括：及早发现、诊断与处理；社会、心理及其他方面的咨询和协助；进行自理训练，包括行动、交往及日常生活技能，并为运动、听觉、视觉受损者提供所需的特殊器材；提供辅助器械、行动工具及其他设备；专门教育服务；职业技能训练（包括职业指导）、职业培训、保护性的就业安置等。

第三十一条 社会保险行政部门作出认定为工伤的决定后发生行政复议、行政诉讼的，行政复议和行政诉讼期间不停止支付工伤职工治疗工伤的医疗费用。

条文主旨

本条是关于工伤行政复议、行政诉讼期间工伤保险医疗费用的规定。

知识链接

工伤行政复议是指工伤职工或其近亲属、用人单位对工伤认定机构作出的工伤认定决定不服，向作出工伤认定决定的工伤认定机构或其上级行政机关提出复查请求，由受理机关根据法定程序对原工伤认定决定进行审查并作出复议决定的活动。

工伤行政诉讼则是指工伤职工或其近亲属、用人单位对工伤认定机构作出的工伤认定决定不服，向人民法院提起行政诉讼，由人民法院依法进行审理并作出判决的活动。

第三十二条 工伤职工因日常生活或者就业需要，经劳动能力鉴定委员会确认，可以安装假肢、矫形器、假眼、假牙和配置轮椅等辅助器具，所需费用按照国家规定的标准从工伤保险基金支付。

条文主旨

本条是关于工伤职工配置辅助器具的规定。

知识链接

职工遭受工伤事故后，可能造成身体器官缺损，诸如肢体缺失、器官切除、颅骨缺损等，器官缺损的部位及严重程度不同会造成不同程度的身体生理功能障碍，在此基础上，又进而会导致心理障碍或者降低工伤职工的生活质量，如面部损伤瘢痕毁容、眼科外伤产生视功能障碍等。要恢复或提高工伤职工的身体功能，满足其日常生活和就业的需要，就应当为其提供安装假肢、矫形器、假眼、假牙和配置轮椅等辅助器具的服务。

为了加强对辅助器具配置过程中不合理行为的控制,保证提供有效服务,工伤职工配置辅助器具应当经劳动能力鉴定委员会确认。这样从有关业务管理程序方面加以规范,是为了剔除不合理的医疗开支,保证工伤保险制度正常运转,从而更好地满足符合规定的工伤职工的需求。

第三十三条 职工因工作遭受事故伤害或者患职业病需要暂停工作接受工伤医疗的,在停工留薪期内,原工资福利待遇不变,由所在单位按月支付。

停工留薪期一般不超过 12 个月。伤情严重或者情况特殊,经设区的市级劳动能力鉴定委员会确认,可以适当延长,但延长不得超过 12 个月。工伤职工评定伤残等级后,停发原待遇,按照本章的有关规定享受伤残待遇。工伤职工在停工留薪期满后仍需治疗的,继续享受工伤医疗待遇。

生活不能自理的工伤职工在停工留薪期需要护理的,由所在单位负责。

本条是关于工伤治疗期间待遇的规定。

职工因工作遭受事故伤害或者患职业病需要暂停工作接受治疗的,实行停工留薪期。

停工留薪期是职工因工作遭受事故伤害或者患职业病需要暂停工作接受工伤医疗的期限。停工留薪期应当根据伤情的具体状况确定，一般不超过12个月。停工留薪期的时间，由已签订服务协议的治疗工伤的医疗机构提出意见，经劳动能力鉴定委员会确认并通知有关用人单位和工伤职工。伤情严重或者情况特殊需要延长治疗期限的，经设区的市级劳动能力鉴定委员会确认，可以适当延长，但最多可再延长12个月。

工伤职工在停工留薪期内，除享受工伤医疗待遇外，原工资福利待遇不变，由所在单位发放。工伤职工评定伤残等级后，停发原待遇，按规定享受伤残待遇。也就是说，停工留薪期满时应由劳动能力鉴定委员会评定伤残等级，按照伤残等级发给伤残待遇。如该工伤职工停工留薪期满后仍需治疗，可以继续享受工伤医疗待遇。

为了保障工伤职工能够获得全面补偿，《工伤保险条例》规定，在停工留薪期内生活不能自理需要护理的，由所在单位负责护理。这是因为：一方面，工伤职工在生产劳动过程中因工受伤、致残、患职业病所遭受的损失应获得补偿，不应由工伤职工负担；另一方面，在停工留薪期内，工伤职工的医疗尚未终结，尚未评定伤残等级，无法确定具体的伤残待遇。

第三十四条 工伤职工已经评定伤残等级并经劳动能力鉴定委员会确认需要生活护理的，从工伤保险基金按月支付生活护理费。

生活护理费按照生活完全不能自理、生活大部分不能自理或者生活部分不能自理 3 个不同等级支付,其标准分别为统筹地区上年度职工月平均工资的 50%、40% 或者 30%。

条文主旨

本条是关于生活护理费的规定。

知识链接

生活护理费按照生活完全不能自理、生活大部分不能自理或者生活部分不能自理 3 个不同等级支付,其标准分别为统筹地区上年度职工月平均工资的 50%、40% 或者 30%。将生活护理费的基数定为统筹地区上年度职工月平均工资,主要是考虑发生工伤后,工伤职工对护理的依赖程度主要取决于伤残的严重程度,而与本人对社会的贡献、收入的高低等因素无关。支付生活护理费的目的,是为了减轻工伤职工及其家庭因护理之需而产生的经济负担。因此,从社会保险的公平性出发,《工伤保险条例》将生活护理费的基数定为统筹地区上年度职工月平均工资,而不是工伤职工本人的工资。

如果伤残程度发生了变化,劳动能力鉴定委员会需要重新作出伤残评定。例如,原来被评定为五级伤残,现在伤残程度加重了,被重新评定为二级伤残,那么劳动能力鉴定委员会就应当及时确定是否具有生活护理障碍,并确定护理等级。

第三十五条 职工因工致残被鉴定为一级至四级伤残的,保留劳动关系,退出工作岗位,享受以下待遇:

（一）从工伤保险基金按伤残等级支付一次性伤残补助金，标准为：一级伤残为27个月的本人工资，二级伤残为25个月的本人工资，三级伤残为23个月的本人工资，四级伤残为21个月的本人工资；

（二）从工伤保险基金按月支付伤残津贴，标准为：一级伤残为本人工资的90%，二级伤残为本人工资的85%，三级伤残为本人工资的80%，四级伤残为本人工资的75%。伤残津贴实际金额低于当地最低工资标准的，由工伤保险基金补足差额；

（三）工伤职工达到退休年龄并办理退休手续后，停发伤残津贴，按照国家有关规定享受基本养老保险待遇。基本养老保险待遇低于伤残津贴的，由工伤保险基金补足差额。

职工因工致残被鉴定为一级至四级伤残的，由用人单位和职工个人以伤残津贴为基数，缴纳基本医疗保险费。

条文主旨

本条是关于职工因工致残被鉴定为一级至四级伤残可享受待遇的规定。

知识链接

职工因工致残被鉴定为一级至四级伤残的，又称为完全丧失劳动能力。因这些工伤职工已完全丧失了劳动能力，故应退出工作岗位，且用人单位应当与其保留劳动关系。即除这些职工达到退休年龄办理了退休手续或死亡外，用人单位不得与这些职工解除或终止劳动关系。对于完全丧失劳动能力的伤残待遇的项目和标准，世界各国因国情不同而有所不同。从提供待遇的目的来看，一是为了弥补由于工伤而造成的收入损失；二是对身体造成的伤残进行补偿，以减轻伤残对个人生活及工作造成的不利影响。从待遇结构来看，有的国家采取一次性支付的办法；有的国家采取定期支付的办法；多数国家则采取长期性待遇与一次性待遇相结合的办法，且两项待遇都与工伤职工伤前的工资收入挂钩，按原工资收入的一定比例发放。我国的《工伤保险条例》采取的是长期性待遇与一次性待遇相结合的办法，规定向完全丧失劳动能力的工伤职工支付一次性伤残补助金并按月支付伤残津贴。

关于待遇的计发基数，《工伤保险条例》确定为本人工资，即工伤职工因工作遭受事故伤害或者患职业病前12个月平均月缴费

工资。

　　这里需要指出的是,《工伤保险条例》对工伤保险关系与基本养老保险关系、基本医疗保险关系的衔接作出了规定。

　　工伤职工达到退休年龄,从理论上讲,已经不属于劳动就业人群范围,超过退休年龄再提供伤残津贴,就是提供了过度的赔偿待遇。但是为了保障工伤职工的待遇不因此遭受损失,《工伤保险条例》规定,工伤职工退休后享受的基本养老保险待遇低于伤残津贴的,由工伤保险基金补足差额。

　　我国城镇职工基本医疗保险实行的是社会统筹与个人账户相结合的制度,如果一级至四级工伤职工个人和用人单位不再缴纳医疗保险费,将对其治疗非因工伤病产生不利影响。为妥善解决这一问题,《工伤保险条例》规定,由用人单位和职工个人以伤残津贴为基数,缴纳基本医疗保险费。

第三十六条　职工因工致残被鉴定为五级、六级伤残的,享受以下待遇:

　　(一)从工伤保险基金按伤残等级支付一次性伤残补助金,标准为:五级伤残为18个月的本人工资,六级伤残为16个月的本人工资;

　　(二)保留与用人单位的劳动关系,由用人单位安排适当工作。难以安排工作的,由用人单位按月发给伤残津贴,标准为:五级伤残为本人工资的70%,六级伤残为本人工资的60%,并由用人单位按照规定为其缴纳应缴纳的各项社会保险费。伤残津贴实际金额低于当地最低工资标准的，由用人单位补足差额。

经工伤职工本人提出，该职工可以与用人单位解除或者终止劳动关系，由工伤保险基金支付一次性工伤医疗补助金，由用人单位支付一次性伤残就业补助金。一次性工伤医疗补助金和一次性伤残就业补助金的具体标准由省、自治区、直辖市人民政府规定。

> 本条是关于职工因工致残被鉴定为五级、六级伤残可享受待遇的规定。

知识链接

职工因工致残被鉴定为五级、六级伤残的，又称为大部分丧失劳动能力。需要着重指出的是，对于大部分丧失劳动能力的工伤职工，用人单位应当与其保留劳动关系，并安排适当的工作，使其回归社会，这对工伤职工本人、用人单位和国家都有十分积极的作用。同时，为保障工伤职工本人主动解除或者终止劳动关系的权利不受限制，经工伤职工本人提出，可以与用人单位解除或者终止劳动关系，由工伤保险基金向其支付一次性工伤医疗补助金，由用人单位向其支付一次性伤残就业补助金。实行这些补助，是为了使工伤职工在找到新工作以前，基本生活开支有必要的保障，并有能力治疗疾病。一次性工伤医疗补助金和一次性伤残就业补助金的具体标准，由省、自治区、直辖市人民政府规定。

第三十七条 职工因工致残被鉴定为七级至十级伤残的,享受以下待遇:

(一)从工伤保险基金按伤残等级支付一次性伤残补助金,标准为:七级伤残为13个月的本人工资,八级伤残为11个月的本人工资,九级伤残为9个月的本人工资,十级伤残为7个月的本人工资;

(二)劳动、聘用合同期满终止,或者职工本人提出解除劳动、聘用合同的,由工伤保险基金支付一次性工伤医疗补助金,由用人单位支付一次性伤残就业补助金。一次性工伤医疗补助金和一次性伤残就业补助金的具体标准由省、自治区、直辖市人民政府规定。

条文主旨

> 本条是关于职工因工致残被鉴定为七级至十级伤残可享受待遇的规定。

知识链接

> 职工因工致残被鉴定为七级至十级伤残的,又称为部分丧失劳动能力。对于这部分工伤职工,《工伤保险条例》规定的是一次性待遇。同时,鉴于七级至十级伤残职工仍具有大部分劳动能力,可以通过劳动自食其力,用人单位应当与其继续履行原劳动合同,或者视客观情况依法与其变更劳动合同的部分内容,并按照劳动合同的规定支付相应的工资报酬。劳动合同期满或者工伤职工本人提出解除劳动合同的,可以终止或解除劳动合同,由工伤保险基金向其支付一次性工伤医疗补助金,由用人单位向其支付一次

性伤残就业补助金。这是因为,七级至十级伤残职工在伤病治愈或者医疗终结后,有可能伤病发生变化需要治疗,并且可能会在今后的求职就业中与非工伤职工相比存在一定困难。考虑到各地经济发展水平存在较大差异,决定了医疗消费水平和生活水平的差异,《工伤保险条例》授权省、自治区、直辖市人民政府根据当地的具体情况,规定一次性工伤医疗补助金和一次性伤残就业补助金的具体标准。

第三十八条 工伤职工工伤复发,确认需要治疗的,享受本条例第三十条、第三十二条和第三十三条规定的工伤待遇。

 条文主旨

本条是关于旧工伤复发相关待遇的规定。

 知识链接

工伤职工工伤复发,是指职工因工伤事故或患职业病,经过医疗机构必要的诊断治疗,包括采取病情检查、确诊、药物治疗、手术治疗等医疗措施,确定工伤职工伤(病)情痊愈,终结医疗,终止停工留薪期,经劳动能力鉴定委员会确定伤残等级后或者正处于劳动能力鉴定过程中,工伤职工原有病情不同程度地重新复发。

工伤职工工伤复发,确认需要治疗的,可以享受《工伤保险条例》第三十条、第三十二条和第三十三条规定的工伤待遇。即

经过诊断治疗的,可以享受工伤医疗待遇;需要暂停工作接受工伤医疗的,享受停工留薪期待遇;需要配置辅助器具的,可以按照规定配置,所需费用依法从工伤保险基金中支付。

第三十九条 职工因工死亡,其近亲属按照下列规定从工伤保险基金领取丧葬补助金、供养亲属抚恤金和一次性工亡补助金:

(一)丧葬补助金为6个月的统筹地区上年度职工月平均工资。

(二)供养亲属抚恤金按照职工本人工资的一定比例发给由因工死亡职工生前提供主要生活来源、无劳动能力的亲属。标准为:配偶每月40%,其他亲属每人每月30%,孤寡老人或者孤儿每人每月在上述标准的基础上增加10%。核定的各供养亲属的抚恤金之和不应高于因工死亡职工生前的工资。供养亲属的具体范围由国务院社会保险行政部门规定。

（三）一次性工亡补助金标准为上一年度全国城镇居民人均可支配收入的 20 倍。

伤残职工在停工留薪期内因工伤导致死亡的，其近亲属享受本条第一款规定的待遇。

一级至四级伤残职工在停工留薪期满后死亡的，其近亲属可以享受本条第一款第（一）项、第（二）项规定的待遇。

本条是关于职工因工死亡待遇的规定。

职工因工死亡，其近亲属可以从工伤保险基金中领取以下 3 项因工死亡待遇。

（1）丧葬补助金

职工因工死亡，其近亲属可以从工伤保险基金中领取丧葬补助金，标准为 6 个月的统筹地区上年度职工月平均工资。按照民事法律的规定，近亲属包括配偶、父母、子女、兄弟姐妹、祖父母、外祖父母、孙子女、外孙子女。《社会保险法》第四十九条进一步规定，个人死亡同时符合领取基本养老保险丧葬补助金、工伤保险丧葬补助金和失业保险丧葬补助金条件的，其遗属只能选择领取其中的一项。

(2) 供养亲属抚恤金

供养亲属抚恤金按照工亡职工本人生前工资的一定比例计发，标准为：配偶每月40%，其他亲属每人每月30%，孤寡老人或者孤儿每人每月在上述标准的基础上增加10%（即配偶每月50%，其他亲属每人每月40%）。但在初次核定时，各供养亲属的抚恤金之和不得高于工亡职工生前的工资。在以后调整供养亲属抚恤金时，不受此限制。根据《因工死亡职工供养亲属范围规定》，供养亲属是指完全或大部分依靠工亡职工生前提供主要生活来源、无劳动能力的亲属，包括该因工死亡职工的配偶、子女、父母、祖父母、外祖父母、孙子女、外孙子女、兄弟姐妹。这里的子女，包括婚生子女、非婚生子女、养子女和有抚养关系的继子女，其中婚生子女、非婚生子女，包括遗腹子女；父母，包括生父母、养父母和有抚养关系的继父母；兄弟姐妹，包括同父母的兄弟姐妹、同父异母或者同母异父的兄弟姐妹、养兄弟姐妹、有抚养关系的继兄弟姐妹。这些亲属中谁有资格享受抚恤金，通过有无劳动能力且是否主要依靠工亡职工生前抚养来确定。

供养亲属抚恤金按照抚养亲属的人数和一定比例发放。该项待遇为长期待遇，供养亲属具备或恢复劳动能力，或者供养亲属死亡时，供养亲属抚恤金停止发放。供养亲属抚恤金标准，由统筹地区社会保险行政部门根据本地区职工平均工资和生活费用变化等情况适时调整。

(3) 一次性工亡补助金

一次性工亡补助金标准为上一年度全国城镇居民人均可支配

收入的 20 倍。

当工亡职工有数个近亲属时,应当按照权利义务相对应的原则进行分配,工亡职工生前对其尽了较多照顾义务的近亲属,如长期与其共同生活的人,应当予以照顾。

需要注意的是,由于一次性工亡补助金与一级至四级伤残职工一次性伤残补助金相类似,都是一次性待遇,其计发标准也相似,因此,对于一级至四级伤残职工在停工留薪期后死亡的,本条只规定其近亲属可以按照规定享受丧葬补助金和供养亲属抚恤金,而没有规定可以享受一次性工亡补助金。

第四十条 伤残津贴、供养亲属抚恤金、生活护理费由统筹地区社会保险行政部门根据职工平均工资和生活费用变化等情况适时调整。调整办法由省、自治区、直辖市人民政府规定。

本条是关于工伤保险待遇调整的规定。

伤残津贴、供养亲属抚恤金、生活护理费都非一次性待遇,而是长期或者持续一定时期的待遇。为了保证这些待遇水平不因物价涨幅等因素而降低,同时让工伤职工和工亡职工的遗属享受社会经济发展成果,有必要适时进行调整。伤残津贴、供养亲属抚恤金、生活护理费的调整主要考虑统筹地区职工平均工资和生活费用变化等情况。待遇调整与平均工资变化挂钩,是从公平原则出发,国家的经济水平上升后,国民收入以及分配使用到劳动者身上的工资就会相应提高,工伤职工享受的工伤保险待遇也会相应提高。待遇调整与物价变动挂钩,是因为同一标准的待遇在不同的物价水平下,享有的生活资料和服务是不同的,并且市场经济中的物价是呈上升趋势的,为了保障工伤职工非一次性待遇不受物价波动的影响,必须按照物价上升的幅度,适时予以调整。

工伤保险实行属地管理。由于我国幅员辽阔,各地区社会经济发展水平不平衡,各地区职工工资增长、生活水平提高、物价指数上升等存在较大差异,制定全国统一的调整办法,按全国统一的标准和水平来调整,无法适应各地区的实际情况,因此,《工伤保险条例》授权省、自治区、直辖市人民政府规定调整办法,包括调整的依据、幅度、频率、程序等。

第四十一条 职工因工外出期间发生事故或者在抢险救灾中下落不明的,从事故发生当月起3个月内照发工资,从第4个月起停发工资,由工伤保险基金向其供养亲属按月支付供养亲属抚恤金。生活有困难的,可以预支一次性工亡补助金的50%。职工被人民法院宣告死亡的,按照本条例第三十九条职工因工死亡的规定处理。

本条是关于职工下落不明处理的规定。

第 5 章 工伤保险待遇

 知识链接

"下落不明",是指离开最后居住地后没有音讯的状况。职工因工外出期间发生事故或者在抢险救灾中下落不明,其生死虽处于不确定的状态,但为了保护相关利害关系人的利益,《工伤保险条例》规定其供养亲属可享受部分职工因工死亡待遇。应当注意的是,虽然我国有公民下落不明2年,有关利害关系人可以向人民法院申请宣告其失踪的法律规定,但职工因工外出期间发生事故或者在抢险救灾中下落不明的,其供养亲属享受相关待遇并不以是否经过宣告失踪为程序要件,而是从事故发生、职工音讯消失当月起即按规定发放有关待遇。

"宣告死亡",是指职工因事故下落不明,从事故发生之日起，其配偶、父母、子女等利害关系人可以申请人民法院宣告他（她）死亡。职工或公民长期下落不明，与其有关的权利义务便长期处于不稳定状态，不利于对社会关系进行调整，因此，设立宣告死亡的法律制度是为了维护正常的社会生活秩序，宣告长期下落不明的失踪职工死亡，与其有关的权利义务便可以按照与职工生理死亡后同样的方式进行处理。具体到工伤保险领域，从职工被宣告死亡之日起，该职工的供养亲属便可以按照《工伤保险条例》的规定领取丧葬补助金、供养亲属抚恤金和一次性工亡补助金。当被宣告死亡的职工重新出现或者确知其没有死亡时，经本人或者利害关系人申请，人民法院应当撤销对他的宣告死亡。按照《民法典》和有关法律的规定，公民或职工被撤销宣告死亡后，与其有关的权利义务关系能恢复的应恢复到原来状态。根据这个规定，被撤销宣告死亡的职工的供养亲属不能够再领取有关待遇。

第四十二条 工伤职工有下列情形之一的，停止享受工伤保险待遇：

（一）丧失享受待遇条件的；

（二）拒不接受劳动能力鉴定的；

（三）拒绝治疗的。

本条是关于停止享受工伤保险待遇的规定。

 **知识链接**

工伤职工有下列情形之一的,停止享受工伤保险待遇。

(1)丧失享受待遇条件的

工伤保险制度保护的对象是特定人群——工伤职工,旨在保障工伤职工因遭受事故伤害、职业病而丧失或者部分丧失劳动能力时的医疗救治和经济补偿权益。如果工伤职工在享受工伤保险待遇期间情况发生了变化,不再具备享受工伤保险待遇的条件,如劳动能力完全恢复而无须工伤保险制度提供保障时,就应当停发工伤保险待遇。

(2)拒不接受劳动能力鉴定的

劳动能力不同程度地丧失,使工伤职工可能因此而不能从事原本适合他的职业或工作,也可能造成不能再从事任何工作的结果。当然,工伤职工也有可能恢复其劳动能力,继续从事适合他的职业或工作。这一切都必须通过劳动能力鉴定来确定。可见,劳动能力鉴定是工伤保险管理工作中的一个重要环节,是确定工伤保险待遇的基础和前提条件。劳动能力鉴定结论是确定不同程度的补偿、合理调换工作岗位或恢复工作、解决工伤问题的科学依据。如果工伤职工没有正当理由拒不接受劳动能力鉴定,一方面,工伤保险待遇无法确定;另一方面,也表明工伤职工并不愿意接受工伤保险制度提供的帮助。有鉴于此,就不应再享受工伤保险待遇。

(3)拒绝治疗的

提供医疗救治,帮助工伤职工恢复劳动能力、重返社会,是实行工伤保险制度的重要目的之一。因此,工伤职工因工作而遭受事故伤害或患职业病后，有享受工伤医疗待遇的权利，也有积极配合医疗救治的义务。如果无正当理由拒绝治疗，则有悖于《工伤保险条例》的立法宗旨。规定拒绝治疗的不得再继续享受工伤保险待遇，就是为促使工伤职工积极配合治疗，尽可能地恢复劳动能力，提高自己的生活质量，而不是一味消极地依靠社会救助。

第四十三条 用人单位分立、合并、转让的，承继单位应当承担原用人单位的工伤保险责任；原用人单位已经参加工伤保险的，承继单位应当到当地经办机构办理工伤保险变更登记。

用人单位实行承包经营的，工伤保险责任由职工劳动关系所在单位承担。

职工被借调期间受到工伤事故伤害的，由原用人单位承担工伤保险责任，但原用人单位与借调单位可以约定补偿办法。

企业破产的，在破产清算时依法拨付应当由单位支付的工伤保险待遇费用。

条文主旨

本条是关于在特殊情况下用人单位对工伤保险责任划分的规定。

知识链接

（1）用人单位分立、合并、转让

分立、合并、转让，是用人单位组织机构上发生的变更。用人单位的分立是指一个单位分成两个或两个以上单位；合并是指两个或两个以上的单位联合组成一个单位或一个单位兼并另一个或一个以上单位；转让是指用人单位的所有权向他人（法人或自然人）让渡。用人单位在分立、合并、转让过程中，必须妥善解决职工工伤保险权益的维护问题。

（2）用人单位承包经营

承包经营是企业改革过程中出现的一种经营方式，它是指在坚持企业所有制不变的基础上，按照所有权与经营权相分离的原则，以承包经营形式确定所有者与企业的权责利关系，促使企业做到自主经营、自负盈亏。承包者可以是企业内部职工（俗称内包），也可以是外部经营集团或企业法人（俗称外包）。在本企业内部职工承包的情况下，职工的劳动关系在本企业是清楚的，对职工的工伤保险责任应由本企业承担；在外部承包的情况下，职工的劳动关系有可能被划到中标的经营集团或企业法人处，对职工的工伤保险责任就由中标的经营集团或企业法人承担。

（3）职工被借调

关于职工被借调，《工伤保险条例》之所以作出上述规定，主要基于两个方面考虑：一方面是被借调职工的劳动关系在原用人单位，原用人单位自然应当承担缴纳工伤保险费等工伤保险责任；另一方面是被借调职工的工资、履历等与工伤保险有关的档案资料，一般应由原用人单位保管，并不在借调单位之间转移，借调单位对被借调职工的有关情况并不清楚。

实践中就曾发生借调单位以被借调职工不是本单位职工为由

拒绝承担工伤保险责任的事件，当双方发生争议时，也不利于当事人提供证据，不利于对纠纷的调查取证和及时处理。因此，为了更好地保障职工的工伤保险权益，在总结实践经验的基础上，《工伤保险条例》规定由原用人单位对被借调职工承担工伤保险责任。同时，被借调职工毕竟是在借调期间发生的工伤事故，为了公平起见，原用人单位可以在借调前或事后与借调单位就被借调职工的工伤保险责任问题签订协议，在原用人单位承担了被借调职工的工伤保险责任后，可以按照协议约定要求借调单位给予补偿。

（4）企业破产

企业因不能清偿到期债务而被依法宣告破产的，以及因营业期限届满等原因解散的，应当依法进行财产清算。我国法律规定，清算财产能够清偿企业债务的，按法定程序事先支付清算费用、职工工资和社会保险费用，然后缴纳所欠税款，清偿公司债务。

第四十四条 职工被派遣出境工作，依据前往国家或者地区的法律应当参加当地工伤保险的，参加当地工伤保险，其国内工伤保险关系中止；不能参加当地工伤保险的，其国内工伤保险关系不中止。

本条是关于职工在被派遣出境工作时工伤保险的具体处理方式的规定。

 知识链接

随着我国对外经济交往的扩大，应妥善处理涉外社会保险关系。国际上，工伤保险没有互免协议。一些国家法律规定，前往该国工作期间，必须依据该国的法律参加工伤保险。国内的工伤保险与境外的工伤保险在保障的性质和作用方面大致相同，但在保险的项目、标准和支付方式上存在差异。从保障与管理的角度出发，《工伤保险条例》规定，职工被派遣出境工作，依据前往国家或者地区的法律应当参加当地工伤保险的，参加当地工伤保险，其国内工伤保险关系中止，待回国后工伤保险关系接续；对于在境外不能参加工伤保险的，其国内工伤保险关系不中止，继续按照国内工伤保险法律规定执行，包括工伤保险费缴纳、工伤认定、劳动能力鉴定、待遇给付等。

第四十五条 职工再次发生工伤,根据规定应当享受伤残津贴的,按照新认定的伤残等级享受伤残津贴待遇。

条文主旨

本条是关于职工再次发生工伤后应当享受津贴待遇变化准则的规定。

知识链接

工伤职工再次发生工伤,与工伤职工工伤复发不同,它是指工伤职工遭受两次或两次以上的事故伤害或患职业病,前次工伤事故造成的伤情经治疗并经劳动能力鉴定确定伤残等级后,再次遭受事故伤害或患职业病,后者加剧了工伤职工的伤情。这类人群在治疗后,需经劳动能力鉴定委员会按照《劳动能力鉴定 职工工伤与职业病致残等级》(GB/T 16180—2014)重新评定伤残等级。如果被重新确定伤残等级,根据规定应当享受伤残待遇的,就要按照新认定的伤残等级享受相应的伤残津贴待遇;如果根据规定不能享受伤残待遇的,则不提供相应的伤残津贴待遇。

第6章 监督管理

第四十六条 经办机构具体承办工伤保险事务,履行下列职责:

(一)根据省、自治区、直辖市人民政府规定,征收工伤保险费;

(二)核查用人单位的工资总额和职工人数,办理工伤保险登记,并负责保存用人单位缴费和职工享受工伤保险待遇情况的记录;

(三)进行工伤保险的调查、统计;

(四)按照规定管理工伤保险基金的支出;

(五)按照规定核定工伤保险待遇;

(六)为工伤职工或者其近亲属免费提供咨询服务。

 条文主旨

本条是关于经办机构职责范围的规定。

> **Tips 知识链接**
>
> 经办机构是指各级社会保险行政部门依照规定设立的社会保险经办机构,包括人力资源社会保障部设立的社会保险事业管理中心,地方各级社会保险行政部门设立的社会保险事业管理中心。依据人力资源社会保障部的"三定"规定,人力资源社会保障部设立属于事业单位性质的社会保险事业管理中心,承办有关社会保险事务性工作。县级以上地方各级人民政府社会保险行政部门根据工作需要,设立负责社会保险经办工作的机构,承办本区域内的社会保险事务工作。《社会保险法》第七十二条规定,统筹地区设立社会保险经办机构。社会保险经办机构根据工作需要,经所在地社会保险行政部门和机构编制管理机关批准,可以在本统筹地区设立分支机构和服务网点。社会保险经办机构的人员经费和经办社会保险发生的基本运行费用、管理费用,由同级财政按照国家规定予以保障。
>
> 根据本条规定,经办机构在工伤保险方面的职责可归纳为以下8个方面。
>
> (1)征收工伤保险费
>
> 《社会保险费征缴暂行条例》规定,社会保险费的征收机构由省、自治区、直辖市人民政府规定,可以由税务机关征收,也可以由社会保险行政部门按照规定设立的社会保险经办机构征收。省、自治区、直辖市一旦决定工伤保险费由社会保险经办机构征收,社会保险经办机构就应认真履行征收职责。社会保险经办机构在征收工伤保险费时,应当与基本养老保险费等其他社会保

费集中、统一征收，再将征收的社会保险费分别划入工伤、基本养老保险等基金中，实行分别核算、单独管理。

（2）登记

用人单位参保应当按照规定时间、程序申请登记。办理登记后，缴费单位应当按时向社会保险经办机构申报缴纳工伤保险费数额，经社会保险经办机构核定后，在规定的期限内缴纳工伤保险费。

办理工伤保险登记，有利于社会保险经办机构掌握参保单位的有关基础信息，为参保单位建立缴费记录，并为核定工伤职工的工伤保险待遇做好准备。按照《社会保险费征缴暂行条例》和国家有关规定，工伤保险登记包括参保登记、变更登记、注销登记等内容。

（3）保存记录

用人单位按照规定参加工伤保险、缴纳工伤保险费是工伤保险基金支付工伤保险待遇的必要条件，是确定某个单位的职工是否具备由工伤保险基金发放其相关工伤保险待遇资格的依据之一。因此，社会保险经办机构应当建立并保存缴费记录，随时掌握缴费单位的缴费情况，以便确定工伤保险基金是否应当支付有关费用。社会保险经办机构应当对以下与单位缴费有关的资料进行保存、记录：缴费单位名称、住所经营地点、单位类型、法定代表人或负责人、开户银行账号以及国务院人力资源社会保障部门规定的其他事项等。当单位缴费的有关资料发生变动时，社会保险经办机构对变动情况也应及时予以记录。

(4) 核查工资总额和职工人数

因为工伤保险的缴费基数为用人单位的工资总额,所以核查用人单位的工资总额是确保工伤保险费应收尽收的重要措施。按照国家统计局的有关规定,职工工资总额是指各单位在一定时期内直接支付给本单位全部职工的劳动报酬总额。它包括:计时工资、计件工资、奖金、津贴和补贴、加班加点工资、特殊情况下支付的工资等6个部分。核查用人单位的职工人数是为了确保工伤职工应保尽保,并防止骗取工伤保险待遇事件的发生。

社会保险经办机构应当定期或者不定期地对用人单位的工资总额和职工人数进行核查。原劳动和社会保障部公布的《社会保险稽核办法》对规范社会保险经办机构核查行为作出了具体规定。根据该规定,社会保险经办机构实施核查应当按照下列程序进行。

1)提前3日将进行稽核的有关内容、要求、方法和需要准备的资料等事项通知被核查对象,特殊情况下的稽核也可以不事先通知。

2)应有两名以上稽核人员共同进行,出示执行公务的证件,并向被稽核对象说明身份。

3)对稽核情况应做笔录,笔录应当由稽核人员和被稽核单位法定代表人(或法定代表人委托的代理人)签名或盖章,被稽核单位法定代表人拒不签名或盖章的,应注明拒签原因。

4)对于经稽核未发现违法行为的被稽核对象,社会保险经办机构应当在稽核结束后5个工作日内书面告知其稽核结果。

5)发现被稽核对象在缴纳社会保险费或按规定参加社会保险

等方面存在违法行为,要据实写出稽核意见书,并在稽核结束后10个工作日内送达被稽核对象。被稽核对象应在限定的时间内予以改正。

6) 被稽核对象少报、瞒报缴费基数和缴费人数,社会保险经办机构应当责令其改正;拒不改正的,社会保险经办机构应当报请人力资源社会保障行政部门依法处罚。被稽核对象拒绝稽核或伪造、变造、故意毁灭有关账册、材料,迟延缴纳社会保险费的,社会保险经办机构也应当及时报请人力资源社会保障行政部门依法处罚。

(5) 调查、统计

工伤保险调查、统计是掌握工伤保险信息的主要渠道,是工伤保险工作决策科学化的技术支撑,社会保险经办机构在进行这项工作时应当做到信、效、用。

信,就是要保证信息的可信度,做到信息与事实相符。这就要求建立起科学、统一的调查、统计指标体系;同时,社会保险经办机构应如实、准确地报送调查、统计数据。

效,就是要注重信息采集、传递的时效性。为此,要求各级从事信息工作的人员要有时间观念,把年报、季报、月报和要情专报作为硬任务来完成,注意利用现代化手段,按时传输信息。

用,就是要充分利用信息资源,对已获得的信息进行综合、分析、利用。特别是应针对存在的问题和面临的突出矛盾,进行形势分析,作出科学的预测和判断,及时提出对策建议。

(6) 管理工伤保险基金支出

工伤保险基金支出项目包括工伤保险待遇、劳动能力鉴定费用、工伤预防费用以及根据工伤保险工作需要由法律法规规定的其他费用。

工伤保险基金纳入社会保障基金财政专户管理。工伤保险基金支付程序分为以下两个步骤：一是社会保险经办机构根据核定的基金年度预算及月份收支计划，按月填写用款申请书，并注明支出项目、金额，加盖本单位用款专用章，在规定的时间内报送同级财政部门；二是财政部门对社会保险经办机构报送的用款申请书及时进行审核，审核无误后应在规定时间内将资金从社会保障基金财政专户中拨付给社会保险经办机构，社会保险经办机构再按照服务协议的规定和核定的待遇分别向医疗机构、辅助器具配置机构和工伤职工或其供养亲属支付。

工伤保险基金支付方式分为以下两种情况：一种是以伤残补助金、伤残津贴、生活护理费、住院伙食补助、统筹地区以外就医的交通费和食宿费、供养亲属抚恤金、丧葬补助金、一次性医疗补助金、一次性工亡补助金的支付方式，由社会保险经办机构直接发放给工伤职工（或其供养亲属），或委托银行、邮局以及依托社区进行社会化发放；另一种是以工伤医疗费、康复费、辅助器具配置费的支付方式，包括按服务项目付费、按服务单元付费、按人头付费和按病种付费等，具体应由社会保险经办机构与医疗机构、辅助器具配置机构按照服务协议规定的方式，及时结算并支付费用。

(7) 核定工伤保险待遇

《工伤保险条例》规定了享受工伤医疗待遇、伤残待遇和工亡待遇的条件、标准和程序，社会保险经办机构及其工作人员应当严格按照这些规定核定工伤保险待遇。

(8) 提供无偿咨询服务

社会保险经办机构是社会保险系统的一个服务窗口，应当树立全心全意为工伤职工服务的意识，向他们宣传工伤保险法律、法规、规章和政策，解答他们的疑问，免费提供咨询服务。

第四十七条 经办机构与医疗机构、辅助器具配置机构在平等协商的基础上签订服务协议，并公布签订服务协议的医疗机构、辅助器具配置机构的名单。具体办法由国务院社会保险行政部门分别会同国务院卫生行政部门、民政部门等部门制定。

 条文主旨

本条是关于服务协议的规定。

 知识链接

(1) 服务协议的含义与意义

服务协议是指社会保险经办机构与医疗机构、辅助器具配置机构就有关工伤职工就诊、用药、辅助器具管理、费用给付、争议处理办法等事项，经过平等协商所达成的权利义务协议。由社会保险经办机构与医疗机构、辅助器具配置机构签订服务协议，

是为了加强工伤保险管理、加大工伤医疗费用控制力度、提高医疗服务质量。

签订服务协议的意义在于，有利于实现社会保险经办机构与医疗机构、辅助器具配置机构之间的权利、义务确定化和明晰化，使工伤职工就医（包括配置辅助器具）、医院治疗、经办机构付账的整个工伤保险过程具体化，有利于实现医、保、患三方相互监督。对于社会保险经办机构而言，签订服务协议有利于其对医疗机构、辅助器具配置机构进行监督检查，控制医疗机构、辅助器具配置机构的不合理医疗行为，避免医疗资源浪费，保证医疗质量，确保有效服务。对于医疗机构、辅助器具配置机构而言，有利于调动其积极性和主动性，同时便于解决争议。签订服务协议更重要的目的是保证工伤职工可以享受优质的医疗服务，最大限度地使工伤职工通过医疗得到康复，重返社会。

（2）签订服务协议的程序

1）由医疗机构或者辅助器具配置机构向统筹地区社会保险经办机构提出签订服务协议的意见，并提供有关证明材料。

2）社会保险经办机构在征求同级卫生健康等行政部门意见的基础上，对医疗机构、辅助器具配置机构报送的材料进行审定，选择符合条件的医疗机构、辅助器具配置机构。

3）社会保险经办机构与医疗机构、辅助器具配置机构签订包括服务人群、服务范围、主要服务内容与服务质量、收费标准、费用结算办法、费用审核与控制等内容的服务协议，并向社会公布签订服务协议的医疗机构、辅助器具配置机构的名单。

(3)医疗机构、辅助器具配置机构应当符合条件

1)作为合法医疗机构、辅助器具配置机构本身应当具备的资格条件,包括:按照《医疗机构管理条例》等规定,经登记并取得合法、有效的医疗机构执业许可证或者辅助器具配置机构执业许可证;具有相应的人员、技术设备和相对固定的服务对象,能保证及时提供服务;严格遵守有关质量规定,建立健全各项质量管理制度;能够严格执行国家、省(自治区、直辖市)市场监督管理部门规定的价格及计量标准,定期接受市场监督管理部门的监督、检查,并取得合格证明。

2)应当具有能够为工伤职工有效提供基本医疗服务所需的资格与条件,包括能够严格执行有关工伤保险药品目录、诊疗项目目录、住院服务标准等规定,制定与工伤保险日常管理相适应的内部管理制度,配备和使用必需的管理设备和手段。

第四十八条 经办机构按照协议和国家有关目录、标准对工伤职工医疗费用、康复费用、辅助器具费用的使用情况进行核查,并按时足额结算费用。

本条是关于经办机构核查和结算费用的规定。

社会保险经办机构核查的主要内容包括:核查已发生的工伤

职工医疗费用、康复费用、辅助器具配置费用，是否符合服务协议和工伤保险诊疗项目目录、药品目录、住院服务标准的规定。这些目录和标准，由人力资源社会保障部会同国家卫生健康委、国家药品监督管理局等部门规定。经办机构核查的方式是，检查医疗机构、辅助器具配置机构的诊疗处方、入出院标准、住院病历和特殊检查治疗等项目，对于不符合《工伤保险条例》规定的费用不予支付，对符合规定的费用则要按时足额拨付。

第四十九条 经办机构应当定期公布工伤保险基金的收支情况，及时向社会保险行政部门提出调整费率的建议。

条文主旨

本条是关于公开工伤保险基金的收支情况和提出调整费率的建议。

 **知识链接**

社会保险经办机构应当定期公布工伤保险基金的收支情况，是指社会保险经办机构承办工伤保险事务的过程中，将工伤保险基金征缴数额、支出数额、收支结余、收支规定执行情况定期向社会公布。公布时间可选择在工伤保险基金预算年度终了前后，公布次数可每年一次或多次，公布形式可以是张贴公告，也可以通过电视、报刊、广播、网络等公共媒体公布。社会保险经办机构定期公布工伤保险基金收支情况的意义如下。

（1）便于接受社会监督

工伤保险基金收支情况，关系每个参保单位和职工的切身利益。社会保险经办机构公开工伤保险基金收支情况，可以为参保单位和职工以及社会各方面对工伤保险基金收支情况进行监督提供便利。

（2）有利于保障工伤保险基金安全

社会保险经办机构通过公布工伤保险基金收支过程中的问题，如偷逃、拒缴工伤保险费，骗取工伤保险待遇和有关支出等，可以督促有关责任人改正违法行为，切实遵守工伤保险法律法规，维护广大参保单位和职工的权益。

（3）有利于科学决策

社会保险经办机构公布工伤保险基金收支情况，有利于在较大的社会范围内证实这些信息的准确性和真实性，从而帮助社会保险行政部门、财政部门等决策部门掌握准确的信息，作出科学的决策。

及时向社会保险行政部门提出调整费率的建议,是指社会保险经办机构应当将统筹地区工伤保险基金收支情况、工伤发生率等情况如实向社会保险行政部门反映,并在分析总结的基础上,及时提出调整工伤保险费率的建议。社会保险经办机构具体负责工伤保险基金收支业务,掌握着用人单位工伤发生率、工伤保险基金使用情况等具体资料,因此,由其及时向社会保险行政部门提出调整费率的建议,是必要的、合适的。

第五十条 社会保险行政部门、经办机构应当定期听取工伤职工、医疗机构、辅助器具配置机构以及社会各界对改进工伤保险工作的意见。

本条是关于听取改进工伤保险工作意见的规定。

社会保险行政部门、经办机构根据本条规定,应当主动听取社会各界对改进工伤保险工作的意见,接受社会监督,进而发挥工伤职工、医疗机构、辅助器具配置机构以及社会各界对工伤保险工作的参与、监督和促进作用,提高工伤保险管理和工伤保险经办过程中的社会参与度和透明度,提高社会保险行政部门和经办机构工作的科学性,克服主观随意性,促使社会保险行政部门、经办机构及时掌握有关工伤保险情况,及时了解工伤保险工作服务对象对服务的满意程度和改进服务的意见，以进一步提高服务质量和服务效率。

本条规定所提及的"定期"，可以是一周一次、一月一次，也可以是一季度一次，并没有具体的时间要求，需要根据各地实际情况确定。社会保险行政部门、经办机构应当向社会公布具体的时间，并公布接待地点和电话。对于社会各界的意见，社会保险行政部门、经办机构要认真听取、及时改进，并要及时进行反馈。

第五十一条 社会保险行政部门依法对工伤保险费的征缴和工伤保险基金的支付情况进行监督检查。

财政部门和审计机关依法对工伤保险基金的收支、管理情况进行监督。

条文主旨

本条是关于行政监督的规定。

知识链接

行政监督是指有关国家行政机关依法进行的监督。本条规定的行政监督包括社会保险行政部门、财政部门和审计机关的监督。

（1）社会保险行政部门的监督

《工伤保险条例》既要求调整参保单位、工伤职工、社会保险经办机构之间的关系，也要求作为政府主管工伤保险工作职能部门的社会保险行政部门对社会保险关系进行积极而合理的干预，

对工伤保险费的征缴和工伤保险基金的支付情况依法进行监督检查，及时纠正违法行为，维护当事人的合法权益，保障工伤保险制度正常运行。

(2) 财政部门和审计机关的监督

财政部门依法对工伤保险基金的监督，主要包括3个方面的内容：一是工伤保险基金财务制度监督；二是按照国家会计制度的有关规定，对基金会计制度的执行情况进行监督；三是按照国家有关法律法规，对财政违法行为予以处罚。

审计机关依法对工伤保险基金的监督，主要包括4个方面的内容：一是有权要求被审计单位出具审计报告以及其他与财务收支有关的资料；二是有权检查被审计单位的会计凭证、会计账簿、会计报表以及其他与财务收支有关的资料和资产；三是有权就审计事项的有关问题向有关单位和个人进行调查，并取得有关证明材料；四是被审计单位违反《中华人民共和国审计法》的规定，拒绝或者拖延提供与审计事项有关的资料的，由审计机关责令改正，拒不改正的，依法追究法律责任。

第五十二条 任何组织和个人对有关工伤保险的违法行为，有权举报。社会保险行政部门对举报应当及时调查，按照规定处理，并为举报人保密。

本条是关于群众监督的规定。

知识链接

本条所提到的"任何组织和个人"是指除了政府社会保险行政部门、有关部门和工会组织以外的社会组织和公民个人;"举报"是指任何组织和个人对有关违反工伤保险制度的行为进行检举和控告;"有关工伤保险的违法行为"是指在工伤保险制度运行过程中的征缴、管理等各个环节发生的违法行为。实践中,群众举报的方式多种多样,如职工或其他个人通过口头或书面形式向有关部门举报;报刊、广播、电视等媒体利用舆论提出要求、展开批评等。

社会保险行政部门对举报应当及时调查,按照规定处理,并为举报人保密。为保障人民群众能够切实行使权利,国家要求社会保险行政部门应当建立有关制度。目前,各级社会保险行政部门已普遍建立这些制度,设置了工作机构、配备了工作人员、设立了举报信箱、公布了举报电话。当公民个人或社会组织发现有关《工伤保险条例》违法行为时,均可以向社会保险行政部门举报,社会保险行政部门对违法行为应予以制止,并责令改正,同时要为举报人保密,采取切实可行的措施,防止举报人在工作、工资和福利待遇、人身安全等方面受到侵害;对于打击、伤害举报人的,要依法严肃处理。

第五十三条 工会组织依法维护工伤职工的合法权益,对用人单位的工伤保险工作实行监督。

本条是关于工会监督的规定。

工会是职工自愿结合的群众组织,代表和维护职工群众的合法权益,对用人单位遵守有关法律法规的情况进行监督。工会是一个具有完整组织系统、领导机构、组织原则的组织,具有相对独立性,能够体现职工群众的利益,反映职工群众的要求,是一种最主要的群众监督渠道。

根据《中华人民共和国宪法》《劳动法》《中华人民共和国工会法》的有关规定,工会组织依法维护工伤职工的合法权益。工会组织对用人单位工伤保险工作实行监督的方式主要有以下8种。

(1)通过平等协商和集体合同制度,维护职工的工伤保险合法权益。

(2) 通过职工代表大会实现对用人单位工伤保险工作的监督，职工代表大会有权审查同意或否决有关工伤保险的单位内部规章制度。

(3) 帮助、指导职工与用人单位签订劳动合同，向职工介绍工伤保险法律法规知识，防止用人单位在劳动合同中设立对职工不公平的条款。

(4) 帮助、指导因工作而遭受事故伤害或患职业病的职工办理工伤认定，帮助、指导工伤职工进行劳动能力鉴定、申领工伤保险待遇等有关事项。

(5) 督促和监督用人单位执行工伤保险法律法规，特别是按时足额缴纳工伤保险费，执行劳动合同和集体合同中有关工伤保险的条款，保证职工合法权益的真正实现。

(6) 单位违反工伤保险法律法规，侵犯职工工伤保险权益的，工会有权进行调查，并代表职工与单位交涉，要求单位采取措施予以纠正。

(7) 职工认为所在单位侵犯其工伤保险权益而申请劳动争议仲裁或者向人民法院提起诉讼的，工会应当给予支持和帮助，在程序上和实体上维护职工的合法权益。

(8) 用人单位违反工伤保险法律法规，侵犯职工工伤保险合法权益，拒不改正的，工会应当依法及时向社会保险行政部门等政府部门、社会保险经办机构和司法机关反映，提请予以纠正和处理。

第五十四条 职工与用人单位发生工伤待遇方面的争议,按照处理劳动争议的有关规定处理。

> 本条是关于职工与用人单位发生工伤待遇争议的处理的规定。

(1) 工伤待遇争议

职工与用人单位发生工伤待遇方面的争议,一般包括以下3个方面。

1) 已参加工伤保险的用人单位未按照《工伤保险条例》规定的待遇项目和标准为工伤职工提供相关待遇而产生的争议,包括应当由用人单位提供的医疗、护理、工资福利以及工作安排安置待遇等。

2) 应当参加工伤保险而未参加的用人单位,未按照《工伤保险条例》规定的待遇项目和标准为工伤职工支付全部费用和提供相关待遇而产生的争议。

3) 工伤职工与用人单位就应该执行《工伤保险条例》规定的哪项待遇和标准因认识不同而产生的争议。

(2) 工伤待遇争议处理

职工与用人单位发生工伤待遇方面的争议时,可以通过以下4种途径解决。

1)当事人协商。法律法规提倡协商解决争议,但当事人双方自行协商不是处理劳动争议的必经程序,双方当事人可以自愿进行协商,但是任何一方或者他人都不能强迫进行协商。

2)单位内调解。当事人不愿协商或者协商不成的,可以向本单位的劳动争议调解委员会申请调解。单位劳动争议调解委员会调解解决劳动争议,是一种有效且有利于改善争议双方当事人关系的方式,但并非解决劳动争议的必经途径,当事人可以不向企业劳动争议调解委员会申请调解,而直接申请劳动争议仲裁。当事人对调解协议反悔的,可以申请劳动争议仲裁。

3)劳动争议仲裁委员会仲裁。由劳动争议仲裁委员会进行调解和裁决,是具有国家强制力的劳动争议处理方式。职工与用人单位发生工伤待遇方面的争议后,当事人应当自争议发生之日起 60 日内向劳动争议仲裁委员会提出书面申请,仲裁裁决一般应在收到仲裁申请的 60 日内作出。当事人对仲裁裁决无异议的,必须履行,一方当事人逾期不履行的,另一方当事人可以申请人民法院强制执行;当事人对仲裁裁决不服的,可以向人民法院起诉。劳动争议仲裁是当事人向人民法院提起诉讼解决劳动争议前的一个必经程序,只有经过劳动争议仲裁,方可向人民法院起诉。

4)诉讼。当事人对劳动争议仲裁委员会的裁决不服的,自收到裁决书之日起15日内可以向人民法院提起诉讼,人民法院应当受理、审理并作出判决或裁定。

第五十五条 有下列情形之一的,有关单位或者个人可以依法申请行政复议,也可以依法向人民法院提起行政诉讼:

(一)申请工伤认定的职工或者其近亲属、该职工所在单位对工伤认定申请不予受理的决定不服的;

(二)申请工伤认定的职工或者其近亲属、该职工所在单位对工伤认定结论不服的;

(三)用人单位对经办机构确定的单位缴费费率不服的;

(四)签订服务协议的医疗机构、辅助器具配置机构认为经办机构未履行有关协议或者规定的;

(五)工伤职工或者其近亲属对经办机构核定的工伤保险待遇有异议的。

条文主旨

本条是关于单位和个人与社会保险行政部门或者经办机构发生争议的处理的规定。

知识链接

根据《中华人民共和国行政诉讼法》的规定,公民、法人或者其他组织对下列具体行政行为不服的可以依法提起行政诉讼：

（1）对行政拘留、暂扣或吊销许可证和执照、责令停产停业、没收违法所得、没收非法财物、罚款、警告等行政处罚不服的。

（2）对限制人身自由或者对财产的查封、扣押、冻结等行政强制措施和行政强制执行不服的。

（3）认为行政机关侵犯其经营自主权的。

（4）申请行政机关履行保护人身权、财产权等合法权益的法定职责，行政机关拒绝履行或者不予答复的。

（5）认为行政机关没有依法支付抚恤金的。

（6）认为行政机关违法要求履行义务的。

（7）认为行政机关侵犯其他人身权、财产权等合法权益的。

（8）法律、法规规定可以提起行政诉讼的其他具体行为。

社会保险行政部门是工伤保险行政主管机关，社会保险经办机构是《工伤保险条例》授予一定工伤保险行政管理职责的机构，两者都可以依法实施具体行政行为。申请工伤认定的职工或者其近亲属、用人单位对工伤认定申请不予受理的决定不服的，对工伤认定结论不服的，用人单位对社会保险经办机构确定的单位缴费费率不服的，签订服务协议的医疗机构、辅助器具配置机构认为社会保险经办机构未履行有关协议或者规定的，工伤职工或者其近亲属对社会保险经办机构核定的工伤保险待遇有异议的，均属于行政争议，可以通过行政复议和行政诉讼加以解决。

第7章 法律责任

第五十六条 单位或者个人违反本条例第十二条规定挪用工伤保险基金，构成犯罪的，依法追究刑事责任；尚不构成犯罪的，依法给予处分或者纪律处分。被挪用的基金由社会保险行政部门追回，并入工伤保险基金；没收的违法所得依法上缴国库。

 条文主旨

> 本条是关于挪用工伤保险基金的法律责任的规定。

知识链接

为确保工伤保险基金的安全，严防工伤保险基金的流失，《工伤保险条例》第十二条规定，工伤保险基金只能用于《工伤保险条例》规定的工伤保险待遇，劳动能力鉴定，工伤预防的宣传、培训等费用，以及法律法规规定的用于工伤保险的其他费用的支付。因此，任何单位或者个人将工伤保险基金用于上述规定以外的方面，例如，将工伤保险基金用于投资各种工程项目、投资房地产经营、兴建或者改建办公场所、发放奖金或者挪作其他用途，都属于挪用工伤保险基金。

所谓公款，包括国家所有、集体所有的钱财以及其他公益事业的社会捐助资金、专项基金等。挪用公款罪是指国家工作人员利用职务上的便利，挪用公款归个人使用，进行非法活动，或者挪用公款数额较大、进行营利活动的，或者挪用公款数额较小、超过3个月未还的行为。任何单位和个人将工伤保险基金挪作《工伤保险条例》规定以外的非法用途，构成挪用公款罪的，都要依法追究其刑事责任。

第五十七条 社会保险行政部门工作人员有下列情形之一的，依法给予处分；情节严重，构成犯罪的，依法追究刑事责任：

（一）无正当理由不受理工伤认定申请，或者弄虚作假将不符合工伤条件的人员认定为工伤职工的；

（二）未妥善保管申请工伤认定的证据材料，致使有关证据灭失的；

（三）收受当事人财物的。

第 7 章　法律责任

 **条文主旨**

> 本条是关于社会保险行政部门工作人员在履行职责过程中要承担法律责任的情形的规定。

 知识链接

（1）无正当理由不受理工伤认定申请

"无正当理由不受理工伤认定申请",是指有管辖权的社会保险行政部门无法定原因或者其他正当理由而拒不受理工伤认定申请的情形。

(2) 弄虚作假将不符合工伤条件的人员认定为工伤职工

"弄虚作假将不符合工伤条件的人员认定为工伤职工的",是指在工伤认定中,负责工伤认定的工作人员利用职权,采取编造事实,提供虚假材料、虚假鉴定或者故意违反工伤认定程序等行为,将不属于工伤范围的人员(如工伤认定工作人员的亲友或者有其他利害关系的人员)认定为工伤职工的情形。

(3) 未妥善保管申请工伤认定的证据材料,致使有关证据灭失

不能妥善保管申请工伤认定的证据材料,致使有关证据灭失,是一种严重的失职行为。所谓致使有关证据灭失,不是指证据材料的一般遗失,而是指因有关人员的行为导致有关书证、物证、视听材料、证人证言、当事人陈述、鉴定结论、勘验笔录等证据材料损毁、失窃以至于无法重新获取。社会保险行政部门工作人员"未妥善保管申请工伤认定的证据材料,致使有关证据灭失的",依法给予行政处分;情节严重,构成犯罪的,依法追究刑事责任。

(4) 收受当事人财物

社会保险行政部门工作人员、经办机构有关责任人员以及从事劳动能力鉴定的组织和个人收受当事人财物尚不构成犯罪的,依法给予行政处分或者纪律处分;构成犯罪的,依法追究刑事责任。其刑事责任可能涉及受贿罪。

第五十八条 经办机构有下列行为之一的,由社会保险行政部门

责令改正,对直接负责的主管人员和其他责任人员依法给予纪律处分;情节严重,构成犯罪的,依法追究刑事责任;造成当事人经济损失的,由经办机构依法承担赔偿责任:

(一)未按规定保存用人单位缴费和职工享受工伤保险待遇情况记录的;

(二)不按规定核定工伤保险待遇的;

(三)收受当事人财物的。

本条是关于社会保险经办机构承担法律责任的情形的规定。

 知识链接

(1)未按规定保存用人单位缴费和职工享受工伤保险待遇情况记录

用人单位有关缴费的文件以及与工伤职工享受工伤保险待遇有关的文件,是社会保险经办机构依法确定工伤职工是否享受工伤保险待遇以及工伤职工依法领取工伤保险待遇的重要依据。因此,《社会保险费征缴暂行条例》规定,社会保险经办机构负责保存缴费记录,并保障其完整、安全。所谓完整,即保存的文件资料应当齐全,不能有缺损;所谓安全,即保存的文件不得非法转移、复制、出借,并不得遗失、灭失等。

(2)不按规定核定工伤保险待遇

社会保险经办机构不按规定核定工伤保险待遇的情形主要有

3种：一是为不符合享受工伤保险待遇条件的主体核定工伤保险待遇，如为不属于《工伤保险条例》适用范围的伤残职工或者为不具备享受待遇条件的工伤职工核定工伤保险待遇；二是不按《工伤保险条例》规定的项目和标准核定工伤保险待遇，如擅自增加或者减少享受项目、延长或者缩短享受时间、提高或者降低享受标准等；三是不按有关规定调整已享受工伤保险待遇人员的待遇标准。

（3）收受当事人财物

社会保险经办机构有关责任人员以及从事劳动能力鉴定的组织和个人收受当事人财物尚不构成犯罪的，依法给予行政处分或者纪律处分；构成犯罪的，依法追究刑事责任。其刑事责任可能涉及受贿罪。

第五十九条 医疗机构、辅助器具配置机构不按服务协议提供服务的，经办机构可以解除服务协议。

经办机构不按时足额结算费用的，由社会保险行政部门责令改正；医疗机构、辅助器具配置机构可以解除服务协议。

本条是关于医疗机构、辅助器具配置机构、社会保险经办机构违反服务协议应承担的法律责任规定。

第7章 法律责任

知识链接

社会保险经办机构与医疗机构、辅助器具配置机构签订服务协议,应当在服务协议中明确规定双方的权利义务以及违约责任条款。服务协议一经签订,服务协议各方应严格履行。不履行服务协议约定义务或规定的,应当按照服务协议规定的违约责任条款处理,直至解除服务协议。

《工伤保险辅助器具配置管理办法》第十九条规定,经办机构与工伤保险辅助器具配置机构签订的服务协议,应当包括下列内容:

(1)经办机构与协议机构名称、法定代表人或者主要负责人等基本信息;

(2)服务协议期限;

(3)配置服务内容;

(4)配置费用结算;

(5)配置管理要求;

(6)违约责任及争议处理;

(7)法律、法规规定应当纳入服务协议的其他事项。

第六十条 用人单位、工伤职工或者其近亲属骗取工伤保险待遇,医疗机构、辅助器具配置机构骗取工伤保险基金支出的,由社会保险行政部门责令退还,处骗取金额2倍以上5倍以下的罚款;情节严重,构成犯罪的,依法追究刑事责任。

《工伤保险条例》知识学习手册

本条是关于骗取工伤保险待遇及骗取工伤保险基金支出的法律责任的规定。

 知识链接

工伤保险基金是参保单位依法缴纳的社会保险基金,用于对工伤职工的救治、补偿等法定用途,任何人不得侵占和挪用。骗取工伤保险待遇以及骗取工伤保险基金支出,是以不正当手段侵占工伤保险基金的行为,是一种主观故意,必须依法严惩。

骗取工伤保险待遇和骗取工伤保险基金支出情节严重的,可构成诈骗罪。诈骗罪是指以非法占有为目的,用虚构事实或者隐瞒真相的方法,骗取数额较大公私财物的行为。诈骗罪的主要特征是：本罪侵犯的客体是公私财物所有权，即犯罪对象是国家、集体或个人的财物；客观方面表现为犯罪分子采用虚构事实或者隐瞒真相的方法，使财物所有人、管理人产生错误认识，并将犯罪分子视为财物的合法取得者，按一般管理规则或给付方式将公私财物交给犯罪分子；犯罪主体是一般主体，即凡达到刑事责任年龄，具有刑事责任能力的自然人均可构成此罪；主观方面是出于直接故意，并具有非法占有公私财物的目的。

骗取的公私财物数额较大，是认定该罪的标志之一。关于诈骗罪的认定，有3种情节：一是数额较大；二是数额巨大或者有其他严重情节；三是数额特别巨大或者有其他特殊严重情节。认定诈骗罪，既要根据数额又要根据其他情节进行综合分析，正确定罪量刑。

第六十一条 从事劳动能力鉴定的组织或者个人有下列情形之一的，由社会保险行政部门责令改正，处2 000元以上1万元以下的罚款；情节严重，构成犯罪的，依法追究刑事责任：

（一）提供虚假鉴定意见的；

（二）提供虚假诊断证明的；

（三）收受当事人财物的。

条文主旨

本条是关于从事劳动能力鉴定的组织或者个人违反相关规定应承担的法律责任的规定。

知识链接

"提供虚假鉴定意见、虚假诊断证明"行为,其主观上只能是故意,即提供虚假鉴定意见、虚假诊断证明是一种出于故意的行为,而不是过失行为。这里所说的"虚假",既包括证明文件的全部内容不真实,也包括部分内容不真实。证明文件全部内容不真实的情形,如医疗机构或者有关医务人员出具的诊断完全是编造的病情、鉴定意见签署人根本不具备专家资格等。部分内容不真实的情形,例如,对工伤职工的伤残部位和伤残范围的鉴定是真实的,但对伤残等级的鉴定不符合实际情况。这些都直接影响整个鉴定结论的客观、公正,因此都要依法承担相应的责任。情节严重,构成犯罪的,还要依法追究刑事责任。其刑事责任可能涉及提供虚假证明文件罪。

劳动能力鉴定是对工伤职工劳动功能障碍程度和生活自理障碍程度的等级鉴定。职工因工致残被认定为工伤后,还需要由劳动能力鉴定委员会组织的专家组进行劳动能力鉴定,并取得劳动能力鉴定委员会作出的鉴定结论后,才能按照规定领取相应的工伤保险待遇。因此,有关鉴定意见和诊断证明是工伤职工享受工伤保险待遇的具有法定效力的证明文件。保证鉴定意见、诊断证明的真实性,是从事劳动能力鉴定的组织和个人必须遵循的法定原则。

第六十二条 用人单位依照本条例规定应当参加工伤保险而未参加的,由社会保险行政部门责令限期参加,补缴应当缴纳的工伤保险

第7章 法律责任

费，并自欠缴之日起，按日加收万分之五的滞纳金；逾期仍不缴纳的，处欠缴数额1倍以上3倍以下的罚款。

依照本条例规定应当参加工伤保险而未参加工伤保险的用人单位职工发生工伤的，由该用人单位按照本条例规定的工伤保险待遇项目和标准支付费用。

用人单位参加工伤保险并补缴应当缴纳的工伤保险费、滞纳金后，由工伤保险基金和用人单位依照本条例的规定支付新发生的费用。

条文主旨

本条是关于应参加而未参加工伤保险的用人单位的法律责任的规定。

知识链接

《社会保险费征缴暂行条例》规定，缴费单位未按规定办理社会保险登记、变更登记或者注销登记，或者未按规定申报应缴纳的社会保险费数额的，由劳动保障行政部门责令限期改正；情节严重的，对直接负责的主管人员和其他责任人员可以处1 000元以上5 000元以下的罚款；情节特别严重的，对直接负责的主管人员和其他直接责任人员可以处5 000元以上10 000元以下的罚款。

用人单位未参加工伤保险期间，其职工发生工伤的，要由该用人单位按照《工伤保险条例》规定的工伤保险项目和标准向工伤职工支付有关费用。这样规定，既是对未参保的用人单位的一种惩罚，又不会使工伤职工因单位责任而受到实际利益损害，依法保障工伤职工按照国家规定的标准享受有关工伤保险待遇。但是，一旦用人单位参加工伤保险并补缴应当缴纳的工伤保险费、滞纳金后，则由工伤保险基金和用人单位依照《工伤保险条例》的规定支付新发生的费用。

第六十三条 用人单位违反本条例第十九条的规定，拒不协助社会保险行政部门对事故进行调查核实的，由社会保险行政部门责令改正，处2000元以上2万元以下的罚款。

条文主旨

本条是关于用人单位拒不协助调查核实事故的法律责任的规定。

知识链接

本条规定可确保工伤认定工作的顺利进行，维护工伤职工的合法权益。通过设定罚款，促使用人单位配合社会保险行政部门的工作，避免因不配合而导致工伤认定工作受阻，从而保护工伤职工的合法权益。

第8章 附则

第六十四条 本条例所称工资总额,是指用人单位直接支付给本单位全部职工的劳动报酬总额。

本条例所称本人工资,是指工伤职工因工作遭受事故伤害或者患职业病前12个月平均月缴费工资。本人工资高于统筹地区职工平均工资300%的,按照统筹地区职工平均工资的300%计算;本人工

资低于统筹地区职工平均工资60%的,按照统筹地区职工平均工资的60%计算。

条文主旨

本条是关于工资总额、本人工资定义的规定。

知识链接

(1) 工资总额

"工资总额"在《工伤保险条例》中多次提及,本条规定对其进行明确定义,即应当根据其直接支付给本单位全部职工的劳动报酬总额确定。用人单位必须按照本单位全部职工人数,包括已签订劳动合同和虽未签订劳动合同但存在事实劳动关系的、各种用工形式和各种用工期限的职工(如一般所称的临时工、季节工等)的各种劳动报酬总额,缴纳工伤保险费。

(2) 本人工资

"本人工资"是工伤保险制度中的一个重要概念。工伤保险待遇的许多项目,如一次性伤残补助金、每月的伤残津贴等,都是以工伤职工本人工资为计算基数。

所谓本人工资,是指工伤职工因工负伤前12个月平均月缴费工资。对这个概念的理解,应当把握以下3点。

1) 它是职工的月缴费工资。目前,我国的职工工资构成已经发生很大变化,职工的工资外收入,在不少用人单位已经占到全部收入的一半以上。但是,在征收各项社会保险费和发放多种社会保险待遇时，都是以缴费工资作为计算依据的。对用人单位而言，社会保险各项费用的缴纳，以本单位的工资总额为基数；对职工个人而言，则以社会保险费征缴部门核定的本人工资为基数。

2）它是职工在上一年度的平均月缴费工资。由于发生工伤的时间可能是一年中的任何一天，在计算缴费工资时，通过计算上一年度的平均月缴费工资才显得比较公平。因此，在社会保险各项缴费工资的计算中，大多采用上一年度的平均月缴费工资。

3）本人工资与社会平均工资还需要适当平衡。社会保险具有调节社会贫富的功能，在社会保险待遇方面，应当强调公平高于效率。为了缩小社会保险待遇水平的差异，在计算本人工资时，需要缩小过高与过低收入人群的缴费差异。为此，本条规定，本人工资高于统筹地区职工平均工资300%或者低于统筹地区职工平均工资60%的，分别按照统筹地区职工平均工资的300%或者60%计算。

第六十五条 公务员和参照公务员法管理的事业单位、社会团体的工作人员因工作遭受事故伤害或者患职业病的，由所在单位支付费用。具体办法由国务院社会保险行政部门会同国务院财政部门规定。

条文主旨

本条是关于公务员和参照公务员管理事业单位、社会团体工作人员的工伤保险办法的规定。

Tips 知识链接

国家机关不同于企业，在许多方面有其特殊性。例如，国家机关的经费完全由财政拨款，国家机关工作人员发生工伤事故或者患职业病的概率较低。2004年施行的《工伤保险条例》规定，国家机关和依照或者参照国家公务员制度进行人事管理的事业单位、社会团体的工作人员因工作遭受事故伤害或者患职业病的，由所在单位支付费用。修订后的《工伤保险条例》对原条例的相应条款作了较大修改：一是根据《公务员法》的规定，将国家机关和依照或者参照国家公务员制度进行人事管理的事业单位、社会团体的工作人员，修改为公务员和参照公务员法管理的事业单位、社会团体的工作人员；二是鉴于条例修订已经明确规定适用范围包括其他事业单位、社会团体、民办非企业单位，删去了原条例中本条第二款的表述。

第六十六条 无营业执照或者未经依法登记、备案的单位以及被依法吊销营业执照或者撤销登记、备案的单位的职工受到事故伤害或者患职业病的，由该单位向伤残职工或者死亡职工的近亲属给予一次性赔偿，赔偿标准不得低于本条例规定的工伤保险待遇；用人单位不得使用童工，用人单位使用童工造成童工伤残、死亡的，由该单位向童工或者童工的近亲属给予一次性赔偿，赔偿标准不得低于本条例规定的工伤保险待遇。具体办法由国务院社会保险行政部门规定。

前款规定的伤残职工或者死亡职工的近亲属就赔偿数额与单位发生争议的，以及前款规定的童工或者童工的近亲属就赔偿数额与单

第 8 章 附则

位发生争议的,按照处理劳动争议的有关规定处理。

 条文主旨

本条是关于一次性赔偿及相关争议解决途径的规定。

知识链接

根据本条规定,在上述第一种情形下,由单位向伤残职工或者死亡职工的近亲属给予一次性赔偿。赔偿前不进行工伤认定,主要是因为劳动关系的主体不合法,没有建立合法的劳动关系。但是,获得赔偿是这些劳动者的合法权益,为了量化这些劳动者的权益,应当对其进行劳动能力鉴定,这样就可以比照《工伤保险条例》的相关规定确定伤残职工应当获得的赔偿。同时，考虑到这些单位没有合法身份，存续时间有限，不可能像合法用人单位那样给予劳动者长期的工伤保险待遇，因此需要将长期待遇折算，与其他一次性待遇合并计算后，一次性支付给伤残职工或者其近亲属。需要强调的是，为体现对这些非法用工主体的惩罚，本条规定，一次性赔偿标准不得低于《工伤保险条例》规定的工伤保险待遇。因此，在折算长期待遇时，必须按照上限进行折算，保证一次性赔偿标准不低于正常的工伤保险待遇。

  本条适用的第二种情形是使用童工，导致童工伤亡的发生。在这种情形中，适用主体放宽，任何单位包括合法的用人单位和非法的用工主体，只要是使用了童工并造成童工伤亡的，都将适用该条款。另外，这类情形的赔偿对象为童工或者童工的近亲属，而第一种情形的赔偿对象是伤残职工和死亡职工的近亲属。这样规定，是考虑到童工的年龄较小，由其近亲属且主要是其父母领取赔偿金，将更有利于童工权益的争取和保障。

  工伤一次性赔偿的争议，主要是工伤职工或者其近亲属与所在单位之间发生的争议，而不是工伤职工与社会保险行政部门或者社会保险经办机构发生的争议，在性质上属于劳动争议的范畴。因此，本条规定，这类争议按照处理劳动争议的有关规定处理，主要是按照《中华人民共和国劳动争议调解仲裁法》的有关规定处理。

第六十七条　本条例自2004年1月1日起施行。本条例施行前已受到事故伤害或者患职业病的职工尚未完成工伤认定的，按照本条例的规定执行。

条文主旨

本条是关于《工伤保险条例》施行时间的说明以及《工伤保险条例》施行前已受到事故伤害或者患职业病的职工尚未完成工伤认定情形时的规定。

知识链接

"尚未完成工伤认定的",是指在《工伤保险条例》施行前遭受事故伤害或被诊断鉴定为职业病,且在工伤认定申请法定时限内(从《工伤保险条例》施行之日起算)提出工伤认定申请,尚未作出工伤认定的情形。

2010年12月20日,中华人民共和国国务院令第586号公布了《国务院关于修改〈工伤保险条例〉的决定》(以下简称《决定》),并自2011年1月1日起施行。《决定》中明确规定,《工伤保险条例》根据《决定》作相应的修改,重新公布。《工伤保险条例》施行后《决定》施行前受到事故伤害或者患职业病的职工尚未完成工伤认定的,依照《决定》的规定执行。这就意味着,根据《决定》修改并重新公布的《工伤保险条例》中的修改内容于2011年1月1日施行,原条例中与《决定》规定不一致的内容于2011年1月1日失效。同时,《决定》的这一规定也意味着原条例施行后和根据《决定》修改并重新公布的新条例施行前受到事故伤害或者患职业病的职工尚未完成工伤认定的,依照《决定》和根据《决定》修改并重新公布的新条例的规定执行。